亲子日课

一土全村 | 著

本书根据孩子的心理发展过程和特点,从"自我认知""家庭联结""学会学习""品格养成""社会性发展"及"珍爱生命,追求美好"六大方面,为家长提供了一套有趣、充满教育价值的亲子互动方法及落地材料,帮助家长更好地陪伴孩子,在每天和孩子的互动中,打造更亲密的亲子关系,引导孩子身心健康地成长。

图书在版编目(CIP)数据

亲子日课 / 一土全村著. — 北京:机械工业出版社,2023.5(2024.5重印)
ISBN 978-7-111-72943-3

Ⅰ.①亲⋯ Ⅱ.①一⋯ Ⅲ.①亲子教育 Ⅳ.①G781

中国国家版本馆CIP数据核字(2023)第057445号

机械工业出版社(北京市百万庄大街22号 邮政编码100037)
策划编辑:刘文蕾 陈 伟 责任编辑:刘文蕾 丁 悦
责任校对:张亚楠 张 征 责任印制:郜 敏
北京瑞禾彩色印刷有限公司印刷
2024年5月第1版第5次印刷
130mm×184mm・23.5印张・2插页・731千字
标准书号:ISBN 978-7-111-72943-3
定价:149.00元

电话服务 网络服务
客服电话:010-88361066 机 工 官 网:www.cmpbook.com
　　　　　010-88379833 机 工 官 博:weibo.com/cmp1952
　　　　　010-68326294 金 书 网:www.golden-book.com
封底无防伪标均为盗版 机工教育服务网:www.cmpedu.com

目 录

第一部分 自我认知

身份认同	003
生理认知	017
情绪认知	037
性别认知	051
性格认知	065
自我评价	079
发现自我	093
文化认同	107

第二部分 家庭联结

参与家庭生活	125
家庭传统与仪式	139
家庭适应性	153
亲子信任	167
亲子阅读	181
亲子美育	195

第三部分 学会学习

专注力	213
内驱力	227
自控力	241
系统思维	255
逻辑思维	269
批判性思维	285
创造性思维	299
记忆力	313
时间管理	327

第四部分 品格养成

积极主动	343
抗挫力	357
坚毅力	371
好奇心	385
领导力	399

自信心	413
责任感	427
乐观精神	441
成长型思维	457

第五部分 社会性发展

倾听与表达	473
同理心	491
合作能力	505
解决冲突	521
适应变化	539
寻求帮助	553
边界意识	569
规则意识	583
与人为善	599
乐于分享	619

第六部分 珍爱生命，追求美好

生命教育	635
安全教育	649
性教育	663
自然教育	677
健康生活	697
运动习惯	711
哲学启蒙	727

第一部分

自我认知

001　我的家庭树

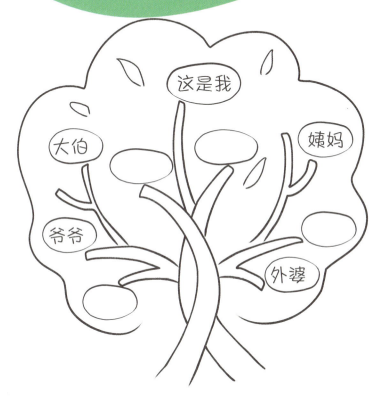

1. 我们的生命是一代一代延续下来的。你在大树的这个位置，你觉得爸爸妈妈在哪儿？
2. 你觉得还有谁属于你的大家庭？请把他们画在合适的位置。
3. 你能说说大家庭中这些成员和你都是什么关系吗？也可以让爸爸妈妈讲一讲你们和这些家庭成员之间的故事。

家长日课

这个小活动可以带给孩子家庭归属感和家族认同感。家庭树能让孩子直观地感知自己是一个大家族的一员,感受自己和家人以及整个家族的联结。

002　名字溯源

身份认同

我的名字 _____

名字的出处/寓意 _____

_____

_____

1. 请在空白处写下你的名字。
2. 问问爸爸妈妈自己的名字出自哪里，有什么寓意。
3. 你现在对自己的名字有了哪些新的认识呢？你喜欢自己的名字吗？

第一部分　自我认知

家长日课

孩子的名字寄托了父母对孩子的美好祝福和期望。通过跟孩子一起分享和讨论,家长可以让孩子更好地理解自己姓名的内涵,感受到父母对自己的爱和祝福。

003 祖籍探索

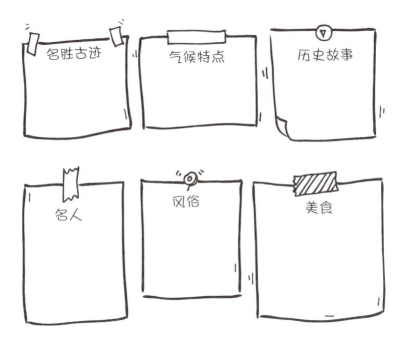

1. 你知道你的祖父、曾祖父曾经生活在什么地方吗?
2. 跟爸爸妈妈一起来了解一下自己的家乡吧,比如家乡有什么名胜古迹,气候有什么特点,历史上发生过什么事情,出过什么名人,有什么风俗和代表性美食,等等。
3. 现在你对家乡有什么样的想法和感受呢?跟爸爸妈妈一起做一个重游家乡的计划吧。

家长日课

祖籍通常是指祖先生活的地方,当孩子对自己的家乡有了更多的了解,就能更深刻地了解自己的来处,强化自己和家乡之间的联结。寻根谒祖,从而生发出更强大的精神力量。

004　我的不同角色

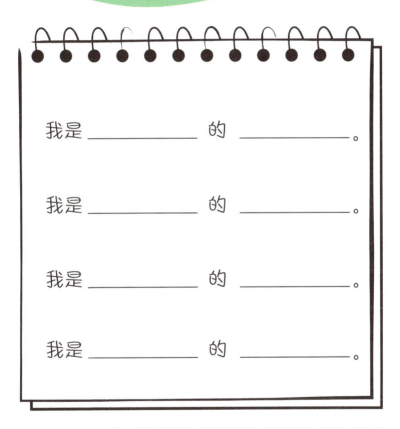

我是 _____ 的 _____。

我是 _____ 的 _____。

我是 _____ 的 _____。

我是 _____ 的 _____。

请在图中每个句子的第一个空中填上你身边的某个人，比如妈妈、老师、某个小朋友的名字等，然后把第二个空补充完整。

第一部分　自我认知

家长日课

引导孩子认识和理解自己的不同角色,体会自己在不同社会关系中的感受,有助于孩子形成恰当的社会角色认同,这对于改善孩子的人际关系、建立规则意识都非常重要。

活动提示

1. 在探讨学生角色的时候,如果孩子表示不喜欢某个老师,家长千万不能否定孩子的感受,而是要听一听孩子真实的想法。
2. 除了子女角色、学生角色和朋友角色外,还可以引导孩子说出更多的角色。

005 你对我也很重要

身份认同

我想到的人：＿＿＿＿＿＿＿＿＿＿

我们一起 ＿＿＿＿＿＿＿＿＿＿

＿＿＿＿＿＿ 的时候，我觉得很快乐。

我想对Ta说：＿＿＿＿＿＿＿＿＿＿

＿＿＿＿＿＿＿＿＿＿＿＿＿＿＿＿

1. 闭上眼睛，在脑子里找寻一个对你来说比较重要的、家庭成员之外的人。
2. 你和他是怎么认识的？你跟他在一起做什么会觉得很快乐？
3. 如果他现在站在你面前，你最想对他说什么？

第一部分　自我认知

家长日课

除了家人之外,还有一些人会对孩子的成长产生重要的影响,比如老师、教练、同学、朋友等,他们都是孩子的重要他人。这个小活动能帮助孩子认识自己和他人的关系,认识自己在不同关系中的角色。

006　我是你的小主人

身份认同

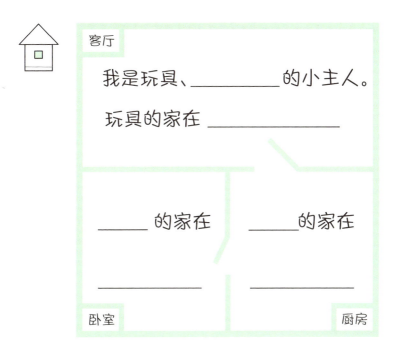

1. 想一想，家庭中哪些东西是属于你的呢？比如玩具、绘本、衣服等。请写在下面相应的空白处或者把它们画出来。
2. 你是它们的小主人，它们需要你的照顾。用完它们就把它们送回"家"吧。

家长日课

理解自己和物品的关系,是孩子自我认知的一个组成部分。当孩子觉得自己是物品的主人时,他们在日常生活中也会增加对物品的责任意识,包括爱护物品、整理收纳物品等。

007 我让周围更美好

身份认同

在家里，我能帮爸爸妈妈＿＿＿＿＿＿＿＿＿＿＿＿＿＿

＿＿＿＿＿＿＿＿＿＿＿＿＿＿＿＿，让我们的家更美好。

在学校，我能帮老师＿＿＿＿＿＿＿＿＿＿＿＿＿＿＿＿

＿＿＿＿＿＿＿＿＿＿＿＿＿＿＿，让我们的学校更美好。

跟朋友在一起的时候，我能＿＿＿＿＿＿＿＿＿＿＿＿

＿＿＿＿＿＿＿＿＿＿＿＿＿＿，让我们的关系更融洽。

1. 在家里，你都帮爸爸妈妈做过什么呢？
2. 在学校里，你帮老师或者同学做过什么呢？
3. 跟朋友一起玩的时候，你会做些什么来让大家玩得更开心呢？

第一部分　自我认知

家长日课

在儿童心理发展过程中,责任心的形成十分重要。孩子在不同的角色中会承担不同的责任,通过让孩子意识到自己在家庭、学校以及同伴团体中的责任,能培养孩子良好的责任心,促进孩子的社会性发展。

009 测量身体不同部位的长度

生理认知

1. 在这一页描出自己左手拇指的轮廓,量一量它的长度,并记下来。
2. 用不同颜色的笔,分别把爸爸、妈妈左手的拇指也描在这张纸上,量一量长度,写下数值。
3. 你还想量一量身体的哪个部位?

家长日课

通过亲自测量,让孩子对身体不同部位的长度有直观的印象。引导孩子注意到自己的身体和成人身体的差异,让孩子对健康成长有所期待。

009　睡眠猜猜猜

生理认知

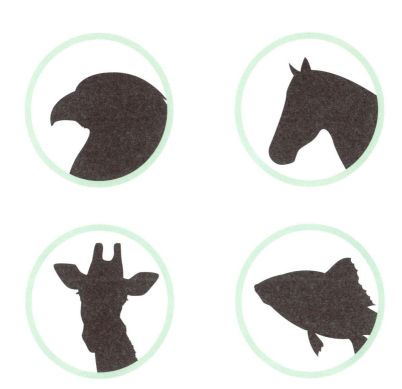

1. 想一想你自己睡觉的姿势是什么样子的？
2. 试试看，你可以睁着眼睛睡觉吗？你可以站着睡觉吗？
3. 和爸爸妈妈一起查一查，图中的动物拥有哪些特别的睡姿呢？

家长日课

孩子对睡眠有本能、自然的体会,通过让孩子觉察到睡眠时身体的状态,有助于孩子和睡眠建立好的关系,养成良好的睡眠习惯。

010 我的五感

生理认知

	👁看	👂听	✋摸	👅尝	👃闻
毛巾					
猫咪					
橙汁					
大树					
鼓					
石头					

图中的这些事物，可以调用哪些感官去体验？请在相应的感官（不止一种）下面打钩，并说说具体的感受。

第一部分　自我认知

家长日课

五种感官是孩子感知世界的重要窗口,也是孩子学习的重要通道。家长在日常生活中可以帮助孩子有意识地使用五感,通过多感官体验,帮助孩子感受大千世界的丰富多彩。

011 舌尖上的美味

生理认知

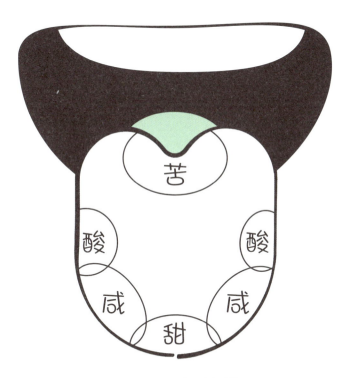

1. 你能在家里找到味道分别是酸、甜、苦、咸的食物吗?
2. 和爸爸妈妈一起,各选择一种食物,吃下一小口。
3. 说说这种食物是什么味道的?并在舌头感知的相应位置(图中)标记下来。

第一部分 自我认知

家长日课

通过这个味觉小实验,孩子会仔细品尝、分辨不同食物的味道,也会提高自身感官的敏锐度。

012　身体喜欢吃什么

生理认知

脂肪　维生素　蛋白质　碳水化合物

1. 你知道餐盘中的食物都提供了哪些营养物质吗？请为它们涂上相应的颜色。
2. 和爸爸妈妈制作一份营养均衡的三餐菜单吧。

家长日课

为培养孩子健康的饮食习惯,首先要帮助孩子认识食物,了解其营养成分及作用。家长和孩子一起动手做菜单,既有趣又会让孩子对健康饮食的原则印象深刻。

013　神奇的牙齿

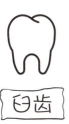
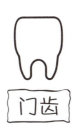
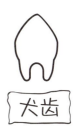

臼齿　　门齿　　犬齿

谷物　　菜　　肉

1. 观察一下你的牙齿，看看哪些是尖尖的，哪些平而厚？
2. 分别吃肉、谷物和蔬菜，仔细感觉一下，主要是哪种形状的牙齿在接触这种食物？
3. 感受一下不同的牙齿是怎么分工的，是切割、撕咬，还是研磨？
4. 请在图中连线。

家长日课

牙齿的形状决定了它们处理食物的方式。这些日常生活中的具体细节更容易被孩子感知,勾起孩子的好奇心,建立起孩子爱护牙齿的意识。

014　食物的消化之旅

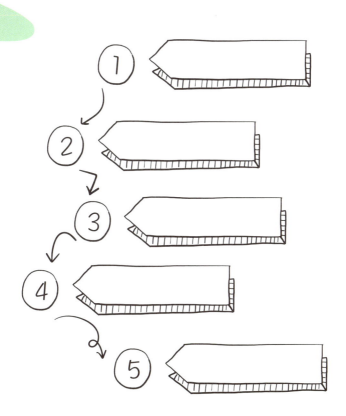

1. 你知道食物在身体里会依次经过哪些消化器官吗？
2. 请你在流程图中依次说出消化器官的名称，可以请爸爸妈妈帮忙记录下来。

家长日课

与孩子一起了解食物的消化过程,并进行图示化,不仅可以让孩子了解身体器官的运作,还有助于孩子养成健康的进食习惯。

015　发现我的血液

> 关于血液的古怪问题

1. 用手电筒紧贴你的手指、耳朵，照一照，看看它们的颜色变红了吗？这是因为血液里有很多红细胞。
2. 用手摸摸心脏的位置，你感受到心脏在"咚咚咚"地跳动了吗？这是心脏在推动血液流动到全身。
3. 你还有什么关于血液的古怪问题，把它们写在空白处，和爸爸妈妈一起搜索答案。

家长日课

血液存在于我们的身体里,不容易被看到,家长引导孩子发现血液存在的线索,不仅能引发孩子求知的兴趣,还能够让孩子意识到血液与生命息息相关。

016 内脏结构拼图

生理认知

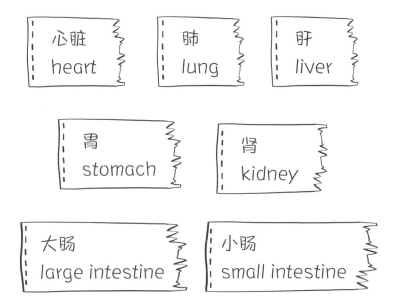

1. 把写有内脏名称的标签剪下来。
2. 让爸爸或妈妈平躺好,在他们身上的相应位置贴上内脏拼图。不确定的时候,可以和他们一起查资料。
3. 现在换成你躺下来,考一考爸爸妈妈能把内脏的位置放对吗?

家长日课

和孩子交换角色来玩,会极大地激发起孩子的兴趣,也会让他们对内脏位置印象深刻,愿意了解更多关于内脏的知识。

活动提示

如果孩子暂时无法完全放对,就需要家长尽可能以平常心对待,不要紧盯着不对的部分,而是看到孩子放对的部分,看到孩子的进步。

017　骨骼手工

生理认知

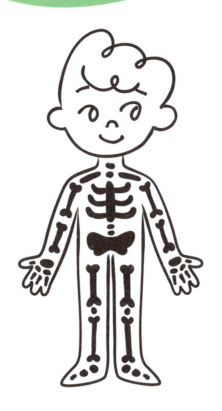

1. 和爸爸妈妈用橡皮泥捏个人偶，用手感受一下人偶的软硬程度。
2. 再用小木棒当骨骼，重新捏一个橡皮泥人偶。这个人偶是不是比之前那个更结实了？
3. 摸一摸自己的身体，感受一下哪些部位有硬硬的骨头，说说它们的作用。

家长日课

让孩子通过实际观察和感受,了解骨骼对人体的作用,理解日常生活中保护骨骼的安全措施,比如骑行时需要戴头盔、护膝、护肘等。

活动提示

思考和表达的部分,暂时不准确也没关系,重要的是过程,是在培养孩子勤于思考、乐于表达的习惯。

018 今天的情绪是什么颜色

情绪认知

生气　紧张　担心

兴奋　自豪　惊喜

伤心　疲惫　害怕

开心　放松　平静

1. 你今天哪一种颜色的情绪最强烈?
2. 你今天出现了几种颜色的情绪?
3. 当出现这些情绪的时候,你是如何应对的呢?

家长日课

使用情绪颜色四象限，能帮助孩子把直观的颜色和抽象的情绪概念对应起来，让孩子用视觉化的方式来识别不同的情绪。在使用的过程中，可以用颜色来表示更多的情绪，比如尴尬、紧张、内疚、羞愧、喜悦等。通过给孩子提供不同情绪下的行动指南，能帮助孩子学会采取恰当的情绪应对策略。

活动提示

1. 当孩子出现红色的心情时，不要急于让孩子摆脱，而是可以让他去感受一下情绪。要引导孩子认识到，情绪没有好坏之分，每一种情绪都是自然的情感反应，都需要被看见和接纳。
2. 情绪四象限是孩子认识情绪的一个好工具，要想熟练掌握和使用，需要一个循序渐进的过程。

019　画画你的心情

1. 试着画出一种表情（比如高兴、难过、生气或者害怕）。
2. 上一次是因为什么事情让你有这种情绪的呢？
3. 你能试着描述一下当时的感受吗？

家长日课

用准确、恰当的语言表达情绪,是情绪管理的重要步骤。当孩子不会描述自己的感受时,家长要帮孩子用形象、容易理解的语言或其他形式表达出来,这是教孩子学会表达情绪的重要环节。

比如,可以问孩子:"当小朋友抢你玩具的时候,你的身体有什么感觉呀?"孩子可能一开始回答不出来,家长可以引导孩子:"你是不是感觉肚子里好像有一个火球要爆炸了,这种感受叫生气。"

活动提示

当孩子描述自己情绪的时候,要记住"三不"原则:不要打断孩子,不要讲道理,不要急于安慰孩子。

020　体会身体的感觉

情绪认知

1. 找一个舒服的姿势坐下来,闭上眼睛,什么都不想。
2. 现在用心体会身体的感觉。你的心跳快还是慢呢?你的双手放松还是紧张?你的额头紧缩还是舒展?你的呼吸是否顺畅?
3. 现在,你的心情怎么样呢?用一个词或者一句话描述你的心情。

第一部分　自我认知

家长日课

情绪的出现往往伴随着生理上的唤醒，比如暴怒的时候，会血流加速、呼吸急促、肌肉紧张。而愉悦的时候，心跳平缓、身体放松、呼吸顺畅。所以，当我们处于某种强烈的情绪中时，可以通过觉察身体、放松身体来调节。

活动提示

1. 在这个活动中，需要家长给孩子读引导词，按照步骤依次展开。注意语气温和，语速缓慢。
2. 在孩子平静的时候引导他做这个练习，建议他在出现强烈情绪时进行尝试。

021 情绪罗盘

情绪认知

1. 这个情绪罗盘里面有很多种情绪,你觉得它们分别是什么颜色的呢?用彩笔给它们涂上色吧!
2. 转动情绪罗盘,看看"命中"了哪个情绪。
3. 你什么时候体验过"命中"的那个情绪?当时发生了什么事情呢?

家长日课

情绪罗盘给孩子提供了一个"情绪词汇库",帮助孩子更好地识别、区分不同的感受,并用恰当的词汇表达出来。

活动提示

1. 当孩子不能理解某一个情绪词汇,或者不能把情绪和事件联系起来时,家长可以分享自己的经历,给孩子做示范。
2. "情绪词汇库"的建立和应用是一个循序渐进的过程,需要反复练习。

022 情绪温度计

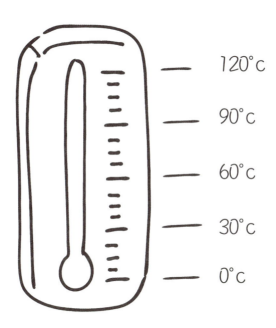

1. 如果把情绪比作温度计,你的温度计是多少度?
2. 如果温度很高或者很低都没有关系,不用去改变什么,只是静静地观察5分钟。
3. 现在你的情绪温度计是多少度呢?在空白的温度计上画出来吧!

家长日课

情绪是流动的,就像天上的云,会随风而来也会随风而走,体验到这一点才能不被情绪裹挟。情绪温度计给孩子提供了一个直观的形象,帮助孩子体验到情绪的流动,从而学会跟情绪相处。

活动提示

1. 在活动中,如果孩子的温度计没有变化也没关系,这个活动的根本目的不是为了改变孩子当前的情绪,而是希望通过多次练习,让孩子体验到情绪的变化无常。
2. 这个活动更适合孩子有强烈的情绪或情绪低落的时候。

023　情绪 ABC

情绪认知

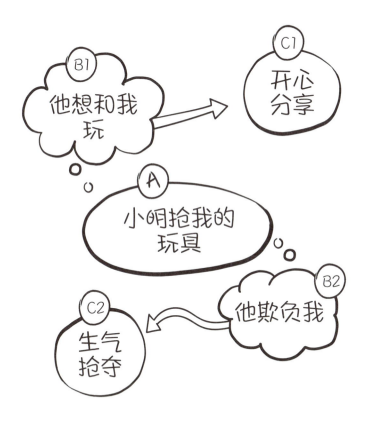

跟爸爸妈妈一起讨论，在图中，为什么同样一件事，情绪却不一样呢？

第一部分　自我认知

家长日课

美国心理学家埃利斯认为,情绪事件由三个部分构成,刺激事件(A)、对事件的解释和认知(B)和情绪(C)。他认为,事件本身并不会引发我们的情绪,我们对事件的解释和认知才会引发自己的情绪。所以,情绪ABC理论认为,我们需要通过调节自己对事件的认知来调节自己的情绪。

活动提示

低龄的孩子可能很难深刻理解并熟练运用这个理论,如果孩子暂时无法理解,父母不要反复解释、询问,让孩子以玩的心态对这个理论有个印象,在内心种下一颗善于调节认知的种子。

024　情绪正方体

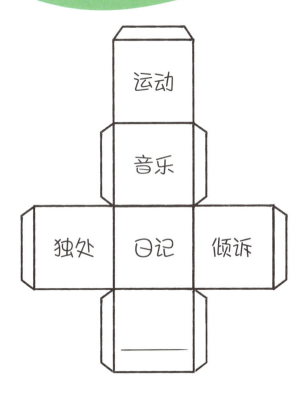

1. 把下面这个图形剪下来并折叠成一个正方体，有字的一面朝外。
2. 正方体上有五个释放情绪的方法，除此之外，你还有其他释放情绪的方式吗？写在第六个面上。
3. 现在，你拥有了一个"情绪正方体"，当遇到不开心的事时记得来找它，它会帮助你。

家长日课

情绪需要释放和表达,长时间积累负面情绪会对我们的身心健康带来负面影响。但是不合理的情绪释放方式并不能帮助孩子发展情绪管理能力,还可能带来一些不良的后果。"情绪正方体"给孩子提供了几种健康的释放情绪的方法,父母还可以和孩子收集更多的情绪调节方法。

025 男孩女孩不一样

性别认知

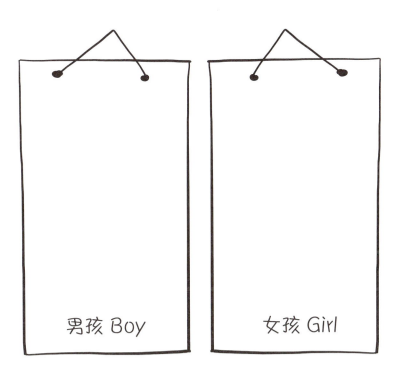

你是一个男孩还是女孩？你知道男孩和女孩有哪些地方不一样吗？
跟爸爸妈妈讨论一下，然后请你画出一个男孩和女孩。

家长日课

与孩子讨论男孩、女孩的不同,确认自己的性别,有助于孩子认识性别之间的差异,帮助孩子建立健康的性别意识。

026 你需要了解的性别规则

性别认知

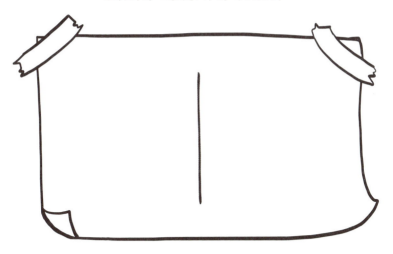

画出你的厕所标识设计

1. 你观察到男厕所和女厕所的标识有什么不同吗?如果你来设计标识,你会设计成什么样子呢?请在下面空白处画出你的设计。
2. 为什么我们不能进异性厕所呢?还有哪些场所是男女有别的呢?

第一部分 自我认知

家长日课

帮助孩子了解性别规则,有助于培养孩子的性别意识,促进孩子发展适宜的社会行为。随着孩子年龄的增长,家长在日常生活中要让孩子意识到"男女有别",比如,妈妈不要在儿子面前随意更换衣服,爸爸不要和女儿一起洗澡,不带孩子去异性厕所等。

027 我是女孩/男孩，我骄傲

性别认知

我感到骄傲的特点：_____

_____

我感到自豪的一件事：_____

_____

1. 作为女孩/男孩，你身上有哪些让你感到骄傲的特点呢？
2. 回想一件让你对自己作为女孩/男孩感到很自豪的事情。

家长日课

孩子对自己性别角色的接纳,是建立性别认同的重要一步。父母接纳孩子的生理性别,按照孩子的先天特质来养育,会增强孩子对于自己性别的认同,让孩子更顺畅、自在地做自己。这个活动不仅会帮助孩子更加接纳自己的性别角色,也会提升孩子的自我价值感和自信心。

028 我想像妈妈/爸爸一样

性别认知

妈妈经常做的事情：_____

_____

_____

爸爸经常做的事情：_____

_____

_____

我想从妈妈/爸爸身上学习 _____

_____

_____

1. 请你观察一下，妈妈在家庭中会经常做哪些事情？爸爸会经常做哪些事情？
2. 作为女孩/男孩，你在妈妈/爸爸身上看到哪些你想学习的地方呢？

家长日课

父母在家庭中对性别角色的示范，对孩子性别角色的发展有重要影响。当女孩/男孩看到妈妈/爸爸在家庭中如何做女人/男人、母亲/父亲、妻子/丈夫和女儿/儿子的角色，就会自然地去模仿妈妈/爸爸，开始理解自己的性别角色。孩子对自己的性别有了认同，才会按照社会认可的方式，养成符合自己性别的行为模式，这也是孩子性别角色的发展过程。

029 角色互换游戏

性别认知

在角色互换游戏中，我的感受是：

1. 如果你是女孩，请和妈妈玩一次角色互换游戏，由你来做妈妈，让妈妈来做孩子。妈妈平时是如何照顾你的生活的，请你把一些印象深刻的场景表演出来。如果你是男孩，就跟爸爸互换角色。
2. 请把你在角色互换游戏中的感受写下来（或说出来，请父母帮忙记录）。

家长日课

通过这个活动,孩子可以更真切地感受到妈妈/爸爸的爱和关心,体会到妈妈/爸爸为家庭做出的贡献,这不仅能增进孩子对妈妈/爸爸的理解和关爱,还能让孩子提前体验自己的性别角色,认同自己的性别角色。

030 职业猜猜猜

性别认知

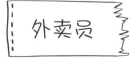
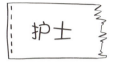

1. 试着把图中的职业和相应的性别连起来。如果你觉得他们既可能是男士又可能是女士，也可以同时连两个性别。
2. 你长大了想做什么职业呢？为什么？

第一部分　自我认知

家长日课

性别角色的形成与男女两性在生理和心理上的差异有关。在职业的选择上，虽然男性和女性具有不同的职业选择趋向，但并不是绝对的。事实上，无论哪种职业，都既有男性又有女性。如果孩子具有性别刻板印象，就会限制孩子个性与自我的发展。父母需要让孩子知道，职业选择与性别无关，男性和女性都有平等的权利，也有能力从事各种不同的职业。

活动提示

如果孩子已经产生了一定的性别刻板印象，父母可以给孩子讲一讲生活中那些具有不同职业选择倾向的人。比如，男性可以成为幼儿园老师，女性可以成为飞行员。

031 兴趣猜猜猜

性别认知

1. 试着把图中的兴趣活动和相应的性别连起来,并说一说为什么。
2. 你喜欢的兴趣活动有哪些呢?

第一部分 自我认知

家长日课

父母还需要让孩子知道,兴趣爱好也与性别无关,并不存在哪种兴趣活动是男孩玩的或者女孩玩的,无论男孩还是女孩,都可以选择自己喜欢的活动。

032　猜猜我是哪种动物

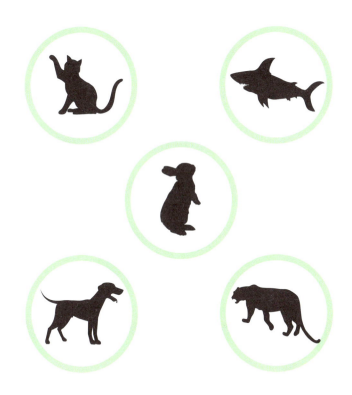

1. 如果用动物代表自己的性格，你觉得自己像什么（不限于下图中列举的动物，也可以是不止一种动物）？
2. 你觉得自己哪些地方像这些动物呢？你能跟爸爸妈妈讲一讲吗？

家长日课

抽象的性格词汇对年幼的孩子来说不易理解,他们也很难用词汇描述自己的性格特征。我们可以通过行为方式理解一个人的性格,同时借助不同的动物形象,帮助孩子更直观地认识自己的性格。

活动提示

1. 当孩子说出自己像某种动物的某个特点时,家长不要有优缺点的评价,客观地描述是孩子认识自己、接纳自己的基础。
2. 为了避免孩子对自己形成刻板印象,家长可以引导孩子从多个侧面认识自己,比如自己哪个点像这种动物,哪个点像另一种动物等。

033 我的气质类型

A. 跟工作人员争吵,强制要求进去。☐

B. 趁工作人员不注意悄悄溜进去。☐

C. 找个地方喝杯咖啡休息一下,等中场休息时再进去。☐

D. 懊恼地离开,以后再也不来这里看话剧了。☐

其他:_____

_____

有一个人去看他期盼了很久的话剧,但是因为堵车迟到了十分钟,工作人员告诉他,根据剧院规定,迟到不允许进场,只能等中场休息时再进去。

1. 如果你是这个人,你会怎么做?如果下列四种选项你都不选,也可以在空白处写下你的选择。
2. 请爸爸妈妈也做出自己的选择。
3. 根据自己的选择,看一下各自更倾向于哪一种气质类型。

家长日课

这是一个关于气质类型的简单测试。气质类型是一个人与生俱来的心理和行为特征。希波克拉底把人的气质类型分为四类：胆汁质、多血质、黏液质和抑郁质。

胆汁质（对应选项A）：精力旺盛，积极进取，直率豪爽，但是性情急躁易怒，常常鲁莽行事，不顾后果。

多血质（对应选项B）：善于交际，思维敏捷灵活，容易接受新事物，适应能力强，情绪情感容易产生也容易消失。

黏液质（对应选项C）：行事稳重，考虑问题全面，善于克制自己，情绪不易外露，注意力稳定而不容易转移。

抑郁质（对应选项D）：观察细致入微，比较敏感，多愁善感，行动迟缓，优柔寡断，有明显的内倾性。

活动提示

1. 气质类型是一种先天的倾向性，没有好坏之分，只是在不同的场合，适应性不一样，父母不要对孩子的选择做出好或者坏的评价。
2. 没有人完全属于一种气质类型，大部分人都是混合型的，只是每个人的主要倾向性不一样，父母要避免给孩子贴标签。

034　内外向测试

○ 1.当众发言让我觉得不好意思。

○ 2.我喜欢表现自己。

○ 3.跟陌生人打交道让我觉得有压力。

○ 4.我喜欢参加各种聚会。

○ 5.在人群中，我希望很多人都能关注自己。

○ 6.我不会轻易把自己的想法告诉别人。

○ 7.当我不开心的时候，不会轻易表现出来。

○ 8.我很容易结交新朋友。

1. 图中是一些描述，如果你觉得哪句话符合你的情况，就在这句话前面打钩。
2. 在这些题目中，1、3、6、7是对内向的描述；2、4、5、8是对外向的描述。现在数一数，你"内向"和"外向"的描述分别有几个，哪个多就证明你更具有哪种倾向性。
3. 让爸爸妈妈也选一选，看看他们是哪种性格倾向。

第一部分　自我认知

家长日课

内外向首先由心理学家荣格提出,是指一个人的心理能量和关注点更多地指向内心还是外部世界。内向性格的特征有安静,富于想象,爱思考,内敛低调,容易害羞等;外向性格的特征有爱交际,热情坦率,乐于助人,容易适应环境等。

活动提示

内外向没有好坏之分,二者各有优势。不管孩子是哪种倾向,我们首先不要有好坏的评价,也不要试图改变孩子。重要的是,通过这个活动帮助孩子更好地认识自己的性格倾向,发现并发挥自己的性格优势。

035　乐观还是悲观

1. 图中有两个角色，请和爸爸妈妈一起进行角色扮演。
2. 请说一说，扮演角色A和角色B，分别有什么不同的感受和心情？你觉得自己在生活中更像A还是B？

家长日课

在遇到困难或挫折的时候,乐观的孩子总能看到事情积极的一面,从而能调整情绪,恢复自信,持续努力并取得进步。同时,乐观并不是天生的,是可以习得的。当孩子体验到悲观和乐观给自己带来的不同感受时,就会对两种解释风格有更直观的认知。

活动提示

这个活动的目的在于帮助孩子充分体验两种解释风格,觉察自己在生活中的倾向性。如果想培养孩子乐观的性格,还需要在日常生活中多引导,比如发挥父母的榜样作用,提升孩子的抗挫力,帮助孩子积累成功经验等。

036 我们都很棒

☆☆☆☆☆

☆☆☆☆☆

☆☆☆☆☆

1. 一家人坐在一起，每个人轮流说出自己的一条性格优点，比如"我乐于助人"。
2. 其他人听到这个优点后，要说出一件具体的事情，证明他有这样的优点。比如："你确实是一个乐于助人的孩子，因为你总是帮助妈妈浇花。"
3. 每个人说出的优点，经其他人确认后，可以点亮一颗自己头像下面的小星星（涂上喜欢的颜色）。

家长日课

每个孩子都需要喜欢自己,悦纳自己,这是他们自信心和自尊心的来源,而喜欢自己的基础是明确地知道并认可自己的优点。这个活动让孩子去主动发现、觉察自己的性格优势,并在跟父母的互动中进一步确认这个优点。

活动提示

1. 如果在活动过程中,孩子说不出自己的优点,说明孩子在日常生活中缺乏自我认可或者自我认知不充分,这时父母可以客观地反馈孩子的性格优势,并且在以后的互动中注意发现孩子的闪光点。
2. 如果父母认为孩子不具备他说的优点,可以让孩子自己说说这个优点的"证据",或者鼓励孩子努力成为"理想的自我"。
3. 如果头像后面的小星星被涂满了,可以在自己头像后面画一枚勋章,或者家人一起协商其他的奖励方式。

037　互夸性格优势

性格认知

1. 一家人坐到一起，每个人拿一包糖果（或其他小零食）。
2. 每个人轮流送出去一颗糖（送给除自己之外的任何一个人），同时要说一条对方在性格上的优势。比如，爸爸送给妈妈一颗糖，同时说："我觉得妈妈很温柔。"
3. 可以多玩几轮，保证任意两个人之间都互相送过糖。
4. 每个人把自己收到的性格优势记录在图中对应的空白处。

家长日课

美国社会学家库利的"镜中我"理论认为,别人对自己的评价是反映自我的一面"镜子",我们通过这个"镜子"更全面地认识自己。这个活动,让父母和孩子作为彼此的一面镜子,帮助彼此认识到自己的性格优势,提升自尊心和自我价值感,同时增进家庭成员之间的亲密感。

活动提示

孩子可能无法用描述性格的词汇描述父母,比如孩子说"妈妈长得漂亮",这没关系,父母可以有意识地用一些性格词汇来描述孩子。

038 我们不一样

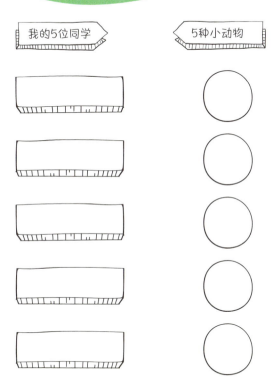

1. 跟爸爸妈妈说出5个你同学的名字，可以是你的好朋友，也可以是你没那么喜欢的人，把他们的名字写到下面的空白处。
2. 如果用小动物形容这5位同学，你觉得他们分别像什么？在每个同学的名字右边，画上你认为他们像的小动物。
3. 你觉得他们跟你有哪些不同？面对这些不同，你是怎么样跟他们相处的呢？

家长日课

1. 每个人的性格都是在先天气质和后天经历的共同作用中形成的，每个人的性格都不一样。我们除了要充分认知自己的性格，还需要理解、接纳他人跟自己的性格差异，这样才能更好地跟他人建立关系，融入集体，发展良好的人际交往技能。
2. 理解并接纳差异需要一个过程，如果孩子暂时无法接纳某些同伴的性格特点也没有关系，父母要积极倾听孩子的想法，允许孩子慢慢成长。

039 自画像

自我评价

1. 按照你对自己的认识,画一幅自画像。
2. 观察一下画像里的自己,你觉得自己有什么特点?试着讲一讲。
3. 把画像拿给爸爸妈妈看一看,请他们说说印象深刻的部分。他们对你的描述与你对自己的描述有什么差别?

第一部分 自我认知

家长日课

对孩子来说,图画是比文字更接近直觉、更富有表达空间的方式。让孩子先通过图画呈现出自己直觉性的想法,再看着画面慢慢地叙述,有利于孩子逐步说出对自己更具体的观察和理解,也是父母理解孩子的好机会。

活动提示

爸爸妈妈在陪同孩子练习和描述时,注意不要以审视的眼光去看待,更不要带着评判。把这个练习当作与孩子沟通、了解孩子的机会就好。

040　独一无二的我

我的外貌 _____

_____

（你有胎记吗？你的胎记看起来像什么？）

我的技能 _____

_____

（你能比划个手势，爸爸妈妈都做不出来吗？）

我的喜好 _____

_____

（你喜欢做美食还是画画？）

试着从上面几个维度描述一下，你认为自己和别人不一样的地方。

家长日课

在日常生活中,孩子之间的比较经常发生。如果在比较中只争高下,孩子往往容易被固定型思维局限;如果能在比较中发现自己与众不同的部分,反而会增强自信和心理韧性,有助于养成成长型思维。对孩子来说,最适合的成长方向就是,成为那个独一无二的自己。

活动提示

在练习过程中,请父母们多倾听,少干预,不评价,不掌控。如果孩子暂时找不出自己的独特之处,父母可以以自己为例,描述自己的独特性,启发孩子思考。

041 我能独立完成

自我评价

我能独立完成的事:

1) _____
2) _____
3) _____
4) _____

在别人的帮助下,我能完成的事:

1) _____
2) _____
3) _____
4) _____

1. 回想一下,哪些事情你一个人就可以独立完成?还有哪些事,在别人的帮助下,你可以完成。请记录在图中的清单里。
2. 回看清单,记住,你已经能够做到这么多事情了!
3. 一个月或几个月后,再来重新填写清单,看看自己发生了哪些新变化。

第一部分　自我认知

家长日课

引导孩子有意识地回顾自己能够完成的事情,可以帮助孩子更清楚地看到自己的能力,提升对自己的信心。在认识自己的能力的同时,我们也需要让孩子拥有成长型心态。过一段时间再来进行这项练习,孩子就会发现自己的能力在不断提升。

042　我让世界更美好

自我评价

> 我做过什么帮助到了别人?
> _____
>
> 我做过什么让我周围更干净?
> _____
>
> 我做过什么节约了能源?
> _____
>
> 我遵守过哪些规则,没有干扰别人?
> _____
>
> 我和别人说过什么话,让对方感觉更好了?
> _____

1. 想一想,图中这些问题,你会怎么回答?
2. 你当时为什么想要这样做呢?试着说一说。
3. 这些点滴之处,都是你在通过自己的行为让世界变得更美好。你觉得这个世界上还有哪些东西可以被你改善?如果加上爸爸妈妈的支持,你们还可以一起改变什么?

第一部分　自我认知

家长日课

让世界更美好,听起来是很大的话题,但落到实处都是一个个具体而微的行动。这个练习可以帮助孩子关注到自己的行为对世界的影响,既可以在对世界的作用中看到自己、重视自己,又可以在自己的行动中看到世界、关心世界。

043　我的双面特点

自我评价

1. 你有哪些特点？它们的优劣势是什么呢？试着在图中的左右两边分别写下来（或者写出不同于上图的双面特点）。
2. 把你写下来的特点读出来，听到自己的双面特点时，你分别有怎样的感受？哪种视角会让你更有能量呢？

第一部分　自我认知

家长日课

这个练习可以帮助小朋友发现自己的特点,并且能从更多视角客观地看待每一个特点,避免以偏概全地认识自我,更重要的是学会欣赏自己特点的优势,悦纳自己,成为独一无二的自己。

活动提示

当孩子描述自己的双面特点时,父母要尽可能为孩子提供一个宽容、放松的环境表达自己真实的想法。

044 我值得被爱

1. 哪些时刻、哪些事情让你感觉到有人是爱着你的?
2. 这些人是怎样爱着你的? 在彩色纸条上写上或者画下来。
3. 把纸条剪下来折叠或卷起来,放到一个罐子里,这个罐子就是你"值得被爱"的证明。当你感到难过、伤心、低落的时候,可以打开罐子把纸条拆出来看。

家长日课

"我值得被爱",这个描述看似普通,但在临床心理学中,很多孩子和成人的症状成因都和早期没能稳固建立这个信念有关。这项练习就是在帮助孩子有意识地看到关系中的爱,稳固这一信念,帮助孩子确认自我价值,让孩子在一生中都能获得源于底层的心理能量。

活动提示

孩子是否感受到爱,这个话题对家长来说可能有点敏感,因为孩子的爱很大程度上是父母提供的。孩子做这个的练习时,家长可能会觉得自己在被评价。出现这种情况,父母需要暂时调整一下心态,把自己的角色放到一边,尽量不代入自己的情绪反应。留给孩子安全、自由的空间来完成这场关于"我值得被爱"的探索。

045　不完美小孩

自我评价

我不完美，我 ___不擅长演讲___。
但我喜欢我自己，因为 我有很多想法，
并能把它们写成文字。

我不完美，我 _____。
但我喜欢我自己，因为 _____
_____

1. 先做3个深呼吸，1、2、3，让自己放松下来。想一想，你对自己的哪个地方不太满意？把它在图中的空格处写下来。
2. 再想一想，虽然自己在这方面并不完美，但你能不能在其中找到一些让你喜欢自己的原因？把原因写在对应的波浪线上。

第一部分　自我认知

家长日课

每个人都希望自己能变得更好,甚至做到完美。但实际上,自尊和自信不是靠外在表现积累起来的,而是由内生发出来的对"我"这个人的最根本的肯定。认可自己、喜欢自己,也是培养成长型心态的关键。

活动提示

如果父母有些担心孩子满足于现状,不思进取,不妨暂时忘掉为人父母的角色,让自己也像个孩子一样进行这项练习。相较于那些担心,你会发现,你更希望自己得到呵护和关照,并且,你会从这样一个练习中获得前进和迎接挑战的动力。孩子也是一样。

046 原来我是这样的自己

发现自我

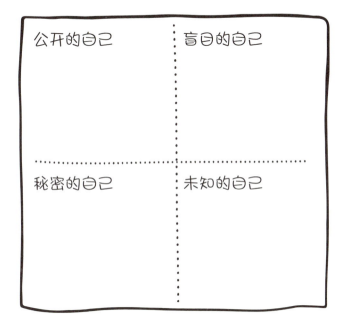

1. 图中是一个认识自己的工具——周哈里窗，分为四个部分。公开的自己是你的特点中你和别人都知道的部分；盲目的自己是别人知道而你不知道的部分；秘密的自己是你知道而别人不知道的部分；未知的自己是你将来可能有的特点，也是你的潜能部分。
2. 跟爸爸妈妈讨论一下，看看你的这些特点分别是什么，写在表格中，并把这四个部分分别涂上你喜欢的颜色。

第一部分　自我认知

家长日课

周哈里窗是认识自己的一个有效工具,能帮助孩子了解他们是怎样看待自己的,以及他们展现给他人的样子是什么,从而引导他们对自己有一个更加全面的认知。通过探索未知的自己,也能鼓励孩子尝试新的兴趣,发现更多的潜能。

047 我的兴趣爱好

发现自我

我喜欢的运动是 _____

我喜欢读的书是 _____

我喜欢的电影是 _____

我喜欢听的音乐是 _____

我还有其他的兴趣爱好，包括 _____

_____

_____

1. 平时你有哪些喜欢做的事情呢？把它们填写在下面的空格中。
2. 你从中都学习和收获到了什么呢？跟爸妈妈说一说吧。
3. 请爸爸妈妈给你讲一讲他们各自的兴趣爱好吧。

第一部分　自我认知

家长日课

兴趣爱好可以丰富孩子的精神世界,滋养孩子的心灵,陪伴孩子度过美好的时光。当孩子去做自己感兴趣的事情时,会更加专注、快乐和放松。从小帮助孩子发掘和探索自己的兴趣爱好,会让孩子受益终身。

048 我的好习惯

1. 你想养成什么好习惯呢？请填写在图中的空格处。
2. 要养成这个好习惯，你每坚持一天，就点亮一颗属于自己的小星星，涂上自己喜欢的颜色吧。

家长日课

习惯的力量是巨大的,好的习惯能为孩子以后的学习和生活打下良好的基础,让孩子受益一生。当孩子意识到好习惯给自己带来的益处,而且积累了养成好习惯的成功经验时,会更有信心坚持。

活动提示

1. 在选择要养成的习惯时,目标要具体,并且是孩子能够做到的,不要制定宏大的或者难度较大的目标。
2. 家长需要多关注孩子已经做到的部分,而不是孩子还没有做到的部分。认可和相信才能激发孩子的潜力。

049　我的优势：我擅长的事

发现自我

我擅长的事有许许多多
1. 我擅长做的手势是：
2. 我擅长做的表情是：
3. 我擅长做的身体姿势是：
4. 我擅长的游戏是：
5. 我擅长的家务是：
6.
7.

1. 你觉得你擅长做什么事情呢？在下面的空格处把它们写出来或者画出来吧。
2. 你是怎么做到这些擅长的事情的呢？
3. 你和爸爸妈妈分别做一个自己擅长的身体姿势，看看其他人能不能模仿出来。

第一部分　自我认知

家长日课

认识到自己擅长做什么,能帮助孩子建立"我能行"的信念,提升孩子的自信心。通过有趣的活动,帮助孩子发现自己原来擅长这么多事情,同时在轻松愉快的氛围中,增强亲子之间的关系。

050　我做什么很快乐

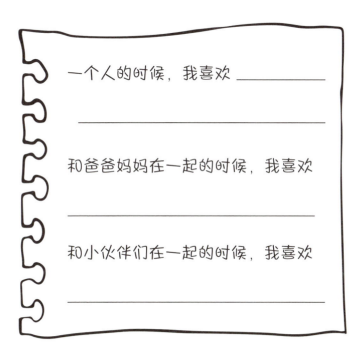

一个人的时候，我喜欢 ＿＿＿＿＿＿

＿＿＿＿＿＿＿＿＿＿＿＿＿＿＿＿

和爸爸妈妈在一起的时候，我喜欢

＿＿＿＿＿＿＿＿＿＿＿＿＿＿＿＿

和小伙伴们在一起的时候，我喜欢

＿＿＿＿＿＿＿＿＿＿＿＿＿＿＿＿

1. 你做哪些事情会感到快乐呢？在图中的空格处把它们写出来吧。
2. 和爸爸妈妈讨论一下，哪个家庭活动让大家都感到快乐，现在就玩一次吧。
3. 你和小伙伴玩什么游戏更开心？约他们玩起来。

家长日课

发现让自己快乐的事情,能帮助孩子感受生活的美好。家庭活动能增进亲子关系,提升孩子的幸福感。同时快乐的体验也能帮孩子储备能量,在他遭遇挫折时为他提供前进的勇气和力量。

051　我不喜欢的事

我不喜欢吃＿＿＿＿＿＿＿＿＿＿

因为＿＿＿＿＿＿＿＿＿＿＿＿＿。

我不喜欢去＿＿＿＿＿＿＿＿＿＿

因为＿＿＿＿＿＿＿＿＿＿＿＿＿。

我不喜欢别人对待我的方式有＿＿

＿＿＿＿＿＿＿＿＿＿＿＿＿＿＿

因为＿＿＿＿＿＿＿＿＿＿＿＿＿。

我希望别人对待我的方式有＿＿＿

＿＿＿＿＿＿＿＿＿＿＿＿＿＿＿

＿＿＿＿＿＿＿＿＿＿＿＿＿＿。

1. 有哪些事情是你不喜欢的呢？为什么？请在空格处把它们写下来。
2. 跟爸爸妈妈讨论一下，如果出现这些你不喜欢的情况，你可以怎么做。

家长日课

面对自己不喜欢的事情,敢于说出自己真实的想法和感受,对孩子来说是一项重要的能力。拥有这项能力,孩子更能拥有勇敢而自由的人生。同时,觉察他人行为给自己带来的困扰和感受,并真诚表达自己的期望,也能提升孩子的社会交往能力。

活动提示

在孩子表达自己不喜欢的事情时,父母不要去讲道理,不要试图说服孩子改变想法,而是要允许孩子充分地表达。

052 我是在成长、变化的

我以前不敢做 _____

_____

但现在我敢于去尝试了。

我以前完全做不到 _____

_____

但现在我有明显的进步。

我以前完全不喜欢 _____

_____

但现在我对它有了一些兴趣。

1. 每个人都在成长和变化,在你身上发生了哪些改变呢?把它们填写在图中的空格处吧。
2. 跟爸爸妈妈讲一讲这些变化是怎么发生的。

家长日课

通过对比，孩子会发现自己兴趣、能力的变化，意识到自己是不断变化和成长的，从而培养成长型思维。研究表明，成长型思维对孩子的情绪、态度、事业、人际关系、健康等方面都具有深刻的影响。拥有成长型思维的孩子，会更愿意接受挑战，在困难面前更愿意坚持，也更会为了长远目标而努力。

053 我的生肖

文化认同

1. 请爸爸妈妈给你讲一下关于十二生肖的传说故事。
2. 你知道自己和爸爸妈妈的生肖都是什么吗?
3. 图中是十二生肖和十二地支的对应图,跟爸爸妈妈一起读一读吧。

家长日课

十二生肖是我国历史悠久的民俗符号,这个活动帮助孩子了解我们的民俗文化,同时体验这种文化跟自身的关系,增加文化认同感和归属感。

054　二十四节气

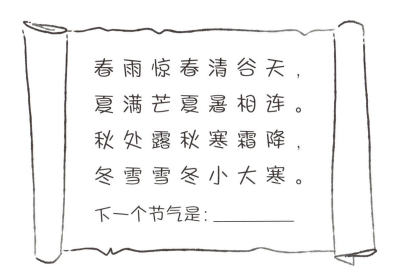

春雨惊春清谷天，
夏满芒夏暑相连。
秋处露秋寒霜降，
冬雪雪冬小大寒。

下一个节气是：_____

1. 跟爸爸妈妈一起读一读图中的二十四节气歌，跟爸爸妈妈一起说一说二十四节气名称。
2. 跟爸爸妈妈一起查一查，离现在最近的下一个节气是什么，你知道它代表什么意思吗？跟爸爸妈妈讲一讲。

家长日课

二十四节气是中华民族优秀历史文化的重要组成部分,表达了中国古人对天地自然和宇宙规律的探索与发现,蕴含着中华民族古老的智慧,深刻影响着历代中国人的生活方式和文化观念,并被世界教科文组织列为"人类非物质文化遗产"。这个活动帮助孩子认识二十四节气,并对优秀的民族文化产生自豪感。

055　飞花令

文化认同

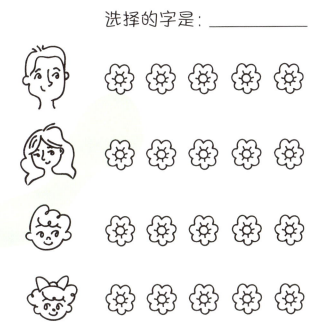

飞花令是古代文人雅客经常玩的一种游戏。基本的玩法是：选定一个字，比如"花"，每个人说一句带"花"字的古诗词。

跟爸爸妈妈一起玩"飞花令"。选一个字，每个人说一句带这个字的古诗词。每说出一句，就可以获得一朵小花，把自己头像后面的小花涂上喜欢的颜色。比一比，看看谁得到的小花最多。

家长日课

古诗词是中华民族的优秀文化之一,它用简洁的语言表达丰富的情感和意境,读起来朗朗上口,意蕴悠长。这个活动培养孩子对中国优秀诗词文化的兴趣,感受、欣赏中国文化和中国文字之美。

活动提示

1. 如果有人得到了全部五朵小花,可以在后面给自己画一颗大树,或者给予其他奖励。
2. 如果孩子小,还没有相关积累,可以把古诗词变成词语,比如每个人说一个带"花"的词语或成语。

056　趣味汉字

文化认同

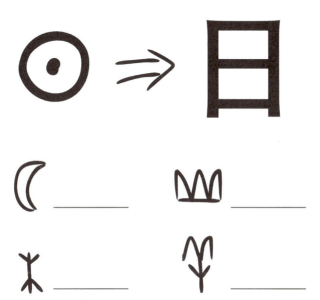

1. 最早的汉字，是我们古人通过对自然的观察造出来的，叫做"象形字"。举个例子：比如"日"这个字，它就源自图中的象形文字。
2. 你知道图中几个象形文字分别是什么字吗？
3. 选择一个你喜欢的汉字，画一画它最初的形象，查一查它是怎么演变而来的。

家长日课

中国汉字博大精深,不仅是中华文明的载体,也蕴含了中华民族深刻的智慧。这个活动帮助孩子认识汉字的演变过程,激发孩子对汉字的兴趣和好奇,培养对汉字的喜爱和认同。

057　我喜欢的节日

文化认同

你最喜欢过哪个节日呢？为什么呢？

1. 我们国家有很多传统节日，比如春节、元宵节、端午节、中秋节等。你最喜欢过哪个节日呢？写在图中空白处。
2. 关于这个节日，有没有历史故事或者相关传说呢？跟爸爸妈妈聊一聊。

家长日课

传统节日是中华民族历史文化长期积淀、凝聚的结果,是中华民族共同的精神寄托。这个活动从孩子喜欢的节日入手,帮助孩子深刻体验传统节日中蕴含的积极情感和美好希望。

059　有趣的京剧脸谱

文化认同

1. "蓝脸的窦尔敦盗御马，红脸的关公战长沙……"这段京剧歌词你听过吗？让爸爸妈妈找来歌曲《说唱脸谱》给你听一听。
2. 在京剧中，不同颜色的脸谱表示他们的性格、善恶不一样。跟爸爸妈妈一起查一查，蓝脸、红脸、黄脸、白脸、黑脸分别代表哪种性格的人？
3. 图中是两个未完成的脸谱，用不同颜色的笔把它们画完整吧。

家长日课

京剧是国粹之一,也是中国影响最大的戏曲曲种。通过对京剧脸谱的认识和探索,培养孩子对民族文化的兴趣,加深对民族文化的理解和认同,从而获得文化上的归属感。

059 我的城市探索

文化认同

我所在的城市是 _____

这座城市是 _____ 建立的,

距今已有 _____ 年

历史上它还曾经叫 _____

这里的名胜古迹有 _____

_____

曾经在这里生活过的名人有 _____

他们在这里曾经发生过哪些故事?

_____

1. 你对你所在的城市了解吗?跟爸爸妈妈一起完成图中的城市探索吧。
2. 如果想了解这座城市的历史,你觉得应该去哪里?跟爸爸妈妈计划一下。

第一部分 自我认知

家长日课

对孩子来说,他所在的城市是他生活和学习的地方,记录着他成长的点点滴滴,也承载着他的梦想和对未来的希望。对自己所在城市的深度探索,可以帮助孩子了解自己城市的历史文化,加深对所在城市的归属感。

060　多彩的世界文化

文化认同

1. 图中是一些关于不同国家特色饮食的图片，请你把图片和相应的国家进行连线。
2. 你还知道其他国家的特色吗？

家长日课

在深刻理解和认同自己民族文化的基础上,孩子也需要理解世界文化的丰富性和差异性,成为一个兼具文化自信与国际视野的成熟、独立的个体。

第二部分

家庭联结

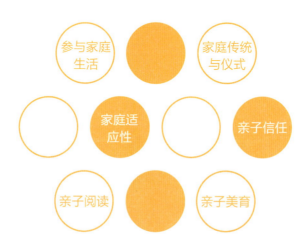

061　一起去超市采购

购物清单

☐ _____　　☐ _____

☐ _____　　☐ _____

☐ _____　　☐ _____

☐ _____　　☐ _____

1. 跟爸爸妈妈一起去超市采购。可以先列一个购物清单，确定要购买的物品及其数量。
2. 这次采购你有什么收获？又有哪些感受呢？

家长日课

去超市采购,是父母和孩子在日常生活中可以经常一起做的事情,它能丰富孩子的社会经验,增加孩子跟家庭之间的联结,还能锻炼孩子的各种能力,比如通过列购物清单,学会做事的条理性和计划性;通过观察,学会辨识商品的异同;通过排队结账,学会等待和自我控制,等等。

062　一起做饭

我们一起做的一道菜：

_____

我负责的部分：_____

_____

家人对菜的评价：_____

_____

参与家庭生活

跟爸爸妈妈一起做一顿饭，无论做什么，你都可以参与其中，做出香喷喷的美食，然后和家人一起享受自己的劳动成果。

家长日课

做饭对孩子来说是一种锻炼和成长,不仅能培养孩子的生活自理能力,提升孩子的统筹能力,还能帮助孩子建立与食物之间的良性关系,提高孩子的人生幸福感。在跟孩子一起做饭的过程中,父母可以鼓励孩子积极动手,在轻松愉悦的氛围中,让孩子享受做饭的乐趣和成就感,同时促进亲子之间形成更紧密的联结。

063 一起打扫卫生

参与家庭生活

☐ 拖地　　　负责人：_____

☐ 擦桌子　　负责人：_____

☐ 整理物品　负责人：_____

全家一起打扫房间。可以先分一下工，每个家庭成员负责卫生工作的一部分，一起让屋子变得更加整洁。

家长日课

哈佛大学一项长期研究表明,爱做家务的孩子和不爱做家务的孩子,成年之后的就业率为15∶1,犯罪率是1∶10,可见做家务对孩子的未来具有重要影响。和家人一起做家务,不仅能培养孩子的家庭责任感,也能让孩子通过劳动感受到家庭的凝聚力。父母可以根据孩子的年龄阶段,鼓励孩子做适当的家务,也可以通过游戏的方式,让做家务充满乐趣。

064　一起来种菜

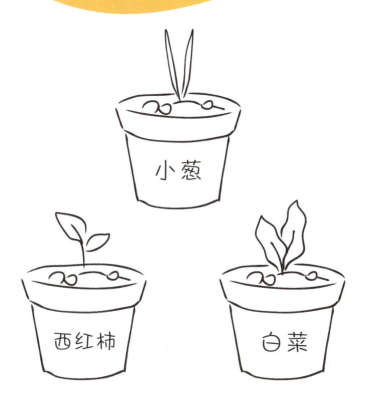

找几个空的花盆，放进适量的土壤，把准备好的菜籽均匀地撒在花盆里，盖上土，浇上水，放在阳台上，然后耐心等待种子发芽。如果种了不止一种菜，可以用标签在花盆上标示出来。

家长日课

种菜是孩子接近自然的一个途径。跟孩子一起种菜,观察蔬菜的成长变化,既能锻炼孩子的观察能力,又能在后期养护中培养孩子的责任感。通过种菜,孩子也会丰富自己的生活体验,感受到劳作的快乐和成就感,与家庭建立更紧密的联结。

065　一起规划家庭旅行

我们准备去旅行的地方：

_____

好吃的有：

_____

_____

好玩的有：

_____

_____

1. 全家一起规划一次家庭旅行，确定旅行目的地。
2. 全家一起做功课，看看目的地有什么好吃的、好玩的，有什么样的风土人情以及历史故事。

家长日课

家庭旅行既能让孩子见识外面的世界,又能增进家庭成员之间的感情,是很多父母都会选择的一种家庭活动。父母跟孩子一起制订旅行计划,明确行程安排,提前做旅行攻略,孩子会更有家庭参与感,对旅行的期待值也会提升。

066 家庭电影之夜

一起看的电影是：_____

_____

准备的零食：_____

_____

1. 你有过跟家人一起去电影院看电影的经历吗？今天你可以和爸爸妈妈一起策划一个家庭电影之夜。
2. 可以选择一部大家都期待、喜欢的电影，再准备一些健康的零食，共同度过一个家庭电影之夜。

参与家庭生活

家长日课

跟孩子一起在家营造"电影院"的氛围，有仪式感地观看一部好电影，度过温馨的家庭时光，可以成为家庭的常规活动。每周末固定时间全家一起看电影，然后对电影情节和意义进行讨论，这也会促进孩子情感和认知的发展。

067　参与家庭决策

要讨论的家庭决策：_____

我对这个决策的看法是：_____

选择一件你家最近要做决定的事情，和爸爸妈妈一起协商讨论，你可以说出你的意见和想法，然后听听爸爸妈妈的意见，最后全家达成一个一致的解决方案。

家长日课

从小让孩子参与家庭决策，能增加孩子的家庭参与感，提高孩子的家庭责任感，让孩子和家人的关系更加紧密。父母可以根据孩子的年龄阶段，选择合适的讨论主题，鼓励孩子自由地表达自己的想法，并肯定孩子思考中的亮点，让孩子感到自己作为家庭一员的重要性。

068　我家的独特仪式

我们独特的家庭仪式：＿＿＿＿＿＿

＿＿＿＿＿＿＿＿＿＿＿＿＿＿＿

我喜欢这个仪式，因为：

＿＿＿＿＿＿＿＿＿＿＿＿＿＿＿

＿＿＿＿＿＿＿＿＿＿＿＿＿＿＿

家庭传统与仪式

1. 你家日常生活中有哪些独特的仪式呢？比如睡觉前，吃饭时，或者告别的时候，有没有什么特别的环节呢？
2. 你喜欢这样的仪式吗？为什么？

第二部分　家庭联结

家长日课

小小的仪式能装点我们的生活,让平凡的日子变得丰富和美好,也能让家人的关系更加紧密。父母可以在日常生活中,建立属于自己家庭的独特仪式,比如睡前的亲子阅读,吃饭时真诚的分享,告别时的拥抱和亲吻,等等,都可以为孩子提供情感支持,提升孩子的家庭归属感。

069 家庭密语

我家的密语是：＿＿＿＿＿＿＿＿

1. 你家有没有一些只有自己家人才能听懂或者明白的"密语"或者"暗号"呢？如果有的话，请把它们写在图中的空白处。
2. 如果没有的话，你可以和家人一起创造一个新的密语。

家长日课

跟孩子在游戏或者活动中创造你们之间专属的语言,既能增加生活的乐趣,又能提升家庭成员之间的默契感,帮助一家人建立更为紧密的关系。父母平时可以跟孩子一起创造一些特殊的语言,也可以让孩子的奇思妙想成为"家庭密语"。

070 难忘的家庭聚会

家庭传统与仪式

难忘的家庭聚会

聚会上有什么印象深刻的事？ _____

_____

你喜欢这样的家庭聚会吗？ _____

为什么？ _____

_____

_____

1. 你曾经参加过家族里的家庭聚会吗？说一说在聚会上有哪些让你印象深刻的事情。
2. 你喜欢这样的家庭聚会吗？为什么？

第二部分 家庭联结

家长日课

家族聚会是孩子了解家族传统的好时机，能让孩子感受到自己是更大的集体的一分子，提升孩子的家族归属感，同时家庭聚会也会成为孩子的美好回忆，给予孩子生活的力量和勇气。父母可以有意识地跟孩子讨论聚会，了解孩子的感受，帮助孩子体会家族对于自己的意义。

071 我知道的家族故事

爷爷奶奶在哪里长大的：

_____

爸爸妈妈是怎么认识的：

_____

_____

家庭传统与仪式

1. 你知道爷爷奶奶在哪里长大的吗？你知道爸爸妈妈是怎么认识的吗？
2. 关于你的家族，你还知道哪些有趣的故事呢？

第二部分　家庭联结

家长日课

研究表明,熟知家族故事的孩子抗挫折能力更强,适应能力也更好。这是因为当孩子越多了解家族的历史,就越对家族有归属感,家族的故事会激励孩子克服困难。父母可以跟孩子讲祖辈的故事、亲人的故事,以及爸爸妈妈如何认识、恋爱和结婚的故事,向孩子传递家族精神。

072　独特的节日庆祝

我喜欢的节日是：＿＿＿＿＿＿＿＿＿

＿＿＿＿＿＿＿＿＿＿＿＿＿＿＿＿＿

我要这样过节日：

家庭传统与仪式

1. 在一年365天中，你家会庆祝哪些节日呢？
2. 在这些节日里，你们会用怎样的方式来庆祝呢？
3. 选一个你喜欢的节日，和爸爸妈妈一起策划下次要如何度过这个节日。

第二部分　家庭联结

家长日课

独特的节日庆祝仪式,能让365天中的这一天变得闪闪发光,给孩子带来美好的体验。在这些特殊的节日里,父母可以跟孩子度过有仪式感的时光,创造属于自己家庭的独特回忆。

073　我的快乐假期

1. 每年的寒暑假，你们全家都有什么特别的活动安排呢？
2. 回想一件在假期中让你感到难忘的事情，把它画下来。

家长日课

寒暑假是孩子学习生活中比较长的一段假期。父母跟孩子在假期中可以安排一些特别的家庭活动,比如一起去旅行,一起做公益。这些活动既能让孩子的假期生活更有意义,又能增加家庭成员之间的联结,成为家人之间共同的美好回忆。

074 我要创造新传统

我家要建立的新传统:

_____

_____

_____

签署人 _____

跟爸爸妈妈一起讨论一下,今年你们全家想要建立什么样的新传统?比如,日常生活中增加某个仪式活动,或者在一个节日使用某个独特的庆祝方法。

家庭传统与仪式

家长日课

家庭新传统是家人一起创造出来的,在已有家庭传统的基础上,全家人一起集思广益。新的传统能让家庭生活更加丰富多彩,让家人之间的联结更加紧密。参与创造一个新传统,会让孩子更有家庭参与感和归属感,提升家庭幸福感。

活动提示

如果孩子想出某个点子,即使看起来天马行空,不那么靠谱,父母也要鼓励孩子的创意,认真和孩子讨论,这会让孩子觉得自己很重要,帮助孩子建立自尊。

075 受不了父母唠叨，我该怎么办？

家庭适应性

面对父母唠叨时，我的感受是：

_____

_____

父母唠叨时，他们想说的是：

_____

_____

1. 当你面对父母的唠叨时，你的感受是什么？请你写下来。
2. 想一想，父母唠叨时，他们想说的是什么，用一两句话简洁地总结出来。
3. 试着把你记录的内容和父母说一说。

第二部分　家庭联结

家长日课

当父母唠叨时,孩子可能无法抓住父母表达的要点,内心也可能由此产生了很多情绪感受需要表达。只有比较充分地表达感受之后,孩子才有可能回归理智,重新思考父母在唠叨中究竟在表达什么核心信息。

活动提示

当孩子使用上图中的方法和父母谈论自己的感受、和父母确认沟通中的核心信息时,父母需要认可孩子使用友好高效的方式和成人沟通的尝试,耐心倾听孩子的表达,理解孩子的想法和感受。

076 让父母失望了，我该怎么办？

原因	他们是怎样对待你的？	你希望父母怎样对待你？
我考试没考好。	他们不打我也不骂我，就是冷冷地不再理我，脸上的表情却说出了他们内心所有的不满和失望。	我希望他们相信我也想要考好。我还希望，相比分数，他们能看到我的压力有多大，能够帮我释放压力，而不是再给我压力。

家庭适应性

1. 回忆一下，上一次爸爸妈妈对你感到失望是因为什么？
2. 他们是怎样对待你的？
3. 再出现类似的情况，你希望他们怎么做？

第二部分　家庭联结

家长日课

当孩子担心父母会对自己失望时，表面看来，孩子在意的是父母的认可，实际上，孩子在很大程度上失去了对自己的信心。这时候，孩子需要审视不合理信念，梳理事实，替换旧有的对自己的评价。另外，孩子还可以探索自己的需求，问问自己，希望父母怎样对待自己。

077 害怕被父母惩罚，我该怎么办？

你的感受是什么?	你认为父母不接受什么? 希望你怎样做?	你希望父母怎样和你沟通?
害怕，对自己很失望，觉得爸爸妈妈也会认为我很差劲，不喜欢我，不敢面对他们。	不接受：我忘记写作业。 希望：我能够自己记得写作业。	温和平静地告诉我他们希望我对自己的作业负责。当我忘记的时候，相信我不是故意忘记的，能和我一起想办法解决。

回顾你害怕被父母惩罚的时刻，按表格梳理你的感受、理解和需求。

家长日课

父母需要关注孩子的感受,判断孩子是否对惩罚有过度的担心。如果有,父母需要注意在日常生活中给孩子更包容、更理解的环境。父母希望孩子能够怎样做,对孩子来说,比禁止和否定更具可操作性,更有价值。此外,当孩子害怕被父母惩罚时,他的注意力已经聚焦在惩罚上,他会想着怎样才能避免惩罚,还将引起撒谎等一系列其他问题。

078 不敢告诉父母真相，我该怎么办？

家庭适应性

可能会发生什么事？	为什么不希望那些事发生？
如果爸爸妈妈知道是我弄伤了小朋友，虽然我不是故意的，但他们肯定会逼着我去道歉，还会不停地训我。	我不想见到那个小朋友哭，因为她哭得太伤心了，我觉得我好像犯了天大的错误。而且没有人会相信这是意外，没有人会相信我也不希望这样的事情发生。

1. 有什么事情是你不敢告诉父母的？如果你告诉父母真相，可能会发生什么事？其中哪些是你不想见到的？问一问自己，为什么不希望那些事发生？
2. 假如你担心的事情没有发生，你会想和父母说说你写下来的这些真实想法吗？或者你可以把写下来的内容悄悄放在父母的床头，让他们看一看？

第二部分　家庭联结

家长日课

不敢告诉父母真相,是亲子关系中非常危险的预警信号,需要得到家长足够的重视,并采取行动修复、重建。孩子之所以不敢说出真相,是因为他已经做出了预判,这就需要引导孩子重新审视自己的预判,重新理解自己的感受和需求,进行自我调节。同时,父母也要主动换位思考,用接纳和理解取代评判、质疑。

079 得不到父母的理解，我该怎么办？

家庭适应性

当不被理解时，我的感受是：

___

假如能重来，我希望父母说：

___

___

1. 有什么事情让你感觉不被父母理解？当你不被理解时，你的感受是怎样的？告诉自己：这些感受都是真实发生的，不需要对自己的感受产生任何怀疑。
2. 假如能够重来一次，你希望当时父母怎样说、怎样做？试着和父母说一说。

第二部分　家庭联结

家长日课

被理解非常重要，会让孩子信任自己的感受，有利于形成自信、稳定的人格结构。父母和孩子之间不可能时时刻刻做到全然的理解，错位之后的修复更为关键。父母需要引导孩子关注不被理解时的感受，体会这种感受背后的需求是什么。这些需求往往并不在于事情本身，而在于事件中孩子感受到的亲子关系状态。建议父母平时多听听孩子怎么说，多尝试从孩子的角度看待和理解事物，为孩子创建富于理解和爱的家庭环境。

080 被父母批评了，我该怎么办？

批评的具体内容	是否接受及理由
妈妈说我只想看看电视，不知道学习。	不能完全接受。 不接受的理由：我有合理的安排，有时学习完才看，有时学习中间的休息时间看。 接受的理由：有的时候，我很想继续看，停不下来。

批评的表现方式	是否接受及理由
爸爸当时很严厉，很嫌弃我的样子。	不能接受。 不接受的理由：爸爸的语气和表情让我很受伤，好像他再也不喜欢我了。虽然犯了错，但我并没有那么糟糕，我不希望爸爸那样对我。

家庭适应性

1. 你认为爸爸妈妈批评你时讲到了哪些具体内容？你心里是否接受？接受或者不接受的理由是什么？把你真实的想法写下来。
2. 从爸爸妈妈批评你时的语气、表情、用词等表述方式来看，有哪些表述让你印象深刻？你是否接受？接受或者不接受的理由是什么？也请你写下来。

第二部分　家庭联结

家长日课

没有孩子喜欢被批评。批评不仅带来消极反馈,还会影响到孩子的自我评价。批评是否正确反映出孩子需要成长的部分,也是需要具体情况具体分析的。因此,孩子需要学会如何正确地理解批评,学会客观归因,避免过度自责,避免从对事情的评价上升到对个人的评价。

081 和父母吵架了，我该怎么办？

回顾印象深刻的事实	描述当时的感受	事后反思
我"砰"地一下关上了房间门。	我当时太生气了，就感觉自己已经被生气小恶魔控制了。	摔门那一刹那，我就后悔了，觉得摔门很冲动，也会让爸爸妈妈很伤心。

家庭适应性

1. 记得首先要照顾自己，在心里体会一下自己的感受和情绪，找一个安静的地方对自己说出来。
2. 当你感觉平静一些后，回想一下和父母吵架的过程，看看有什么新的视角和想法，把它们记录下来。
3. 如果你觉得自己准备好了，可以把你记录的内容和爸爸妈妈分享。

家长日课

吵架是非常显性的冲突事件，对每个当事人的心理冲击都是比较大的。因此，在解决具体问题之前，孩子首先需要照顾自己的情绪感受，不需要压抑情绪，也不用自责，更不要觉得自己不可以生气、伤心。当情绪得到一定程度的疏解后，会腾出心理空间来解决现实问题。这个练习引导孩子从印象深刻的事实出发，体会由此引发的具体感受，分辨冲突言行中需要得到认可、加强或改善的部分，帮助孩子疏解吵架后的心理负担，正确地理解吵架事件，并尝试修复与家人之间的联结。

082　请放心跟我走

亲子信任

_____ 带着我，我可以放心大胆地往前走，因为 _____

_____

_____

1. 找一个有障碍物的空间，选定起点和终点。
2. 闭上眼睛，牵住爸爸（妈妈）的手，在他（她）的带领下从起点走到终点。在这个过程中，睁着眼睛的"领路人"要用语言提醒或者肢体带领，保证"被带领人"的安全，不能撞到障碍物。
3. 然后可以交换角色，爸爸或妈妈闭上眼睛，孩子做领路人。

第二部分　家庭联结

家长日课

这个活动让家庭成员在游戏中体验到信任感的建立过程，增强亲子之间尤其是孩子对父母的信任感，同时启发父母，在生活中更加有耐心地培养和孩子之间的互相信任。

083　我会保护你

亲子信任

1. 孩子站在前面,爸爸(妈妈)在孩子身后30~40厘米处,弯腰或者半蹲与孩子身高齐平。孩子闭上眼睛向后倒,爸爸(妈妈)用双手托住孩子,并轻轻把孩子推向前,重复动作数次。
2. 在上面这个活动中,你感受到爸爸妈妈对你的保护了吗?想一想还有哪些事,让你觉得爸爸妈妈在保护你?爸爸妈妈也可以分享自己成长中被保护的经历。

第二部分　家庭联结

家长日课

安全感是信任感的来源。在活动中让孩子体验到来自父母的保护,从而增加安全感,建立对父母的信任感。让孩子知道,在危险或者困难的情况下,父母是自己强大的支持和安全的港湾,这样孩子才会更有勇气去迎接生活中的困难和挑战。

活动提示

选择安全的空间进行这个活动,周围不要有尖锐的物品,也可以在地板上铺上垫子或者室外找一个有草坪的地方。

084　我可以讲真话

1. 你有哪些事不敢跟爸爸妈妈说实话？在今天这个活动中，你可以把自己以前不敢说的事情放心地告诉爸爸妈妈。
2. 跟爸爸妈妈一起设计并制作十张"真话券"，以后当你遇到一些让你为难、尴尬或者害怕受到处罚的事情时，你可以拿出这张"无条件真话券"，把自己的真心话告诉爸爸妈妈，当爸爸妈妈看到这张券，要无条件地支持你、帮助你，而不能批评你。

家长日课

有时候,孩子会因为各种原因而不敢跟父母讲真话。如果父母缺乏恰当的沟通方法,可能会进一步破坏亲子之间的信任关系。这个活动让孩子体验到,不管在任何时候,自己都可以放心地跟父母说自己的真心话,而不会出现自己无法承担的后果。

085 亲子信任公式

我对妈妈的信任是:

$$\frac{说真话(\quad)+说话算话(\quad)+关系亲密(\quad)}{过度提醒(\quad)}$$

=(　　)分

妈妈对我的信任是:

$$\frac{说真话(\quad)+说话算话(\quad)+关系亲密(\quad)}{过度提醒(\quad)}$$

=(　　)分

亲子信任

1. 图中是一个信任公式。在这个公式里,说真话、说话算话、关系亲密会提高亲子信任,而过度提醒是不信任对方的表现,会降低亲子信任。
2. 公式中每一项最低分是1分,最高分是10分,信任程度越高,分数就越高,根据自己的感觉,和妈妈分别算一算你们对对方的信任感是多少分。

家长日课

亲子信任是在一次次亲子互动中形成并建立的。亲子信任公式说明了影响亲子信任的四个方面,可以帮助亲子之间客观评估信任关系,并互相反馈彼此可以提升的地方,促进亲子信任关系的建立。

活动提示

1. 在讨论每个人哪里需要提升的时候,可以先让孩子给家长提建议,家长虚心接受并表示要在这方面努力,接下来家长给孩子提建议的时候,孩子也更容易接受。
2. 家长要抱着平等和互相尊重的心态,不要把讨论变成相互批评和指责。

086 我会履行承诺

妈妈承诺：_____ ☆

爸爸承诺：_____ ☆

我向妈妈承诺：_____ ☆

我向爸爸承诺：_____ ☆

亲子信任

1. 跟爸爸妈妈协商一下，请他们分别答应你一件事情，写在下面的空白处。
2. 你也分别答应他们一件事，写在下面的空白处。
3. 答应对方的事情，就要在一定期限内做到。做到之后，把后面的小星星点亮，涂上自己喜欢的颜色。

第二部分　家庭联结

家长日课

履行承诺是建立信任感的关键因素。这个活动让孩子和父母都体会到对方履行承诺带给自己的信任感,从而提升亲子之间的互相信任。同时,积极履行承诺的过程也能提升父母和孩子的责任感。

活动提示

1. 父母和孩子互相答应对方的事情应该建立在自愿的基础上,避免强迫。
2. 如果在这个过程中,孩子没有做到,也不要马上给孩子贴上不负责任或者不值得信任的标签,可以问问孩子在履行承诺的过程中遇到了什么阻碍或者困难,需要什么帮助等,支持孩子履行承诺。

087　相信你能行

> 我和爸爸妈妈协商一致，在接下来一周，我独立完成：
>
> _____
>
> _____
>
> _____
>
> 这件事，爸爸妈妈完全信任我有能力并且会主动完成。

亲子信任

1. 让爸爸妈妈回忆一下，他们小时候有没有一件事情特别想自己完成，但是却不被父母允许。
2. 现在有哪件事情你想独立完成，跟爸爸妈妈商量一下，写在或者画在下面的空白处。

第二部分　家庭联结

家长日课

父母的信任是孩子成长和发展的动力来源,充分相信并允许孩子自主完成自己能力之内的事情,既能增强亲子信任感,同时还可以保护孩子的内驱力,提高孩子的自主性,充分发挥孩子的潜能。

088 我们的信任清单

亲子信任

我相信 爸爸妈妈是爱我的。

我相信 _____

妈妈相信 _____

妈妈相信 _____

爸爸相信 _____

爸爸相信 _____

1. 图中是一个信任清单,想一想,你在哪些方面信任爸爸妈妈,填在下面空白处。也请爸爸妈妈填一填他们对你的信任清单。
2. 任意方面的信任都可以写,比如能力、性格以及你们的关系等。

第二部分 家庭联结

家长日课

亲子之间有很多稳定的信任,这些信任构成我们稳定的亲子联结,成为彼此内心的支持和力量的来源。亲子信任清单不仅能帮助提升亲子信任感,还能让亲子关系更加亲密、牢固。

活动提示

在写清单时,父母要从生活细节出发,观察到孩子真实的状态,发现对孩子信任的具体方面。不要写孩子目前没有做到,而你希望他做到的事情。

089 我读的书我来选

我想读的书	原因

1. 有没有哪些书是你很想读的？把书名列出来。
2. 你想读这些书的原因是什么？也请你写下来。

家长日课

在亲子阅读中,孩子永远是读书和选书的主导者。孩子选的书,代表了他自己的兴趣所在。根据兴趣选择的书,孩子更容易读进去,更容易引发有效的学习。选书本身,也是成熟阅读者需要具备的能力。让孩子思考兴趣背后的原因,正是在培养孩子独立选书的能力。

090　我喜欢在哪里读

阅读环境检查

1. 光线明亮　☐

2. 安静、干扰少　☐

3. 方便取书　☐

1. 如果请你布置一个家庭阅读区域，你希望它是什么样的？安排在什么位置？
2. 请对照图中的提示来改善一下你的阅读环境，解决后打钩。
3. 你还可以给爸爸妈妈留个座位，和他们一起享受阅读的美好时光，现在动手开始布置吧！

第二部分　家庭联结

家长日课

布置阅读环境,需要尊重孩子的喜好和个性特点,有的孩子喜欢在放松舒适的环境中阅读,有的喜欢在简洁、利于专注的环境中阅读。此外,还需要排除不利于阅读的干扰项,确保环境安静,书籍在手边方便拿取,等等。

091　养成阅读习惯

哪些因素会导致无法完成当天的阅读?

如何预防这种情况?

1. 如果每天都读一读书，不限制书籍的内容和数量，这件事你和爸爸妈妈能做得到吗？
2. 哪些因素可能会让你们无法完成当天的阅读？如何预防这种情况？可以和爸爸妈妈一起讨论。

家长日课

习惯能否养成，关键在于行为重复的频率。行为越简单，高频重复越不费力，就越容易养成习惯。父母并不需要关注孩子每天读了多少页内容，尤其是在孩子还没有养成每天阅读的习惯之前，一味追求读书页数带来的压力很可能导致连习惯都无法建立。行为习惯建立之后，受到兴趣的驱动，孩子会主动要求读得更多。

092　书还可以这样读

亲子阅读

你试过夸张地读书吗？在书中挑出你喜欢的片段，用夸张的语气、表情、动作表演这段情节吧。可以邀请爸爸妈妈一起加入。

家长日课

阅读并不一定要一板一眼地进行。孩子阅读最主要的动力就在于快乐。鼓励孩子夸张地演绎书籍段落,用自己的语气和音色为故事渲染气氛,用夸张的表情和肢体动作让文字变得活灵活现,还可以随情节起伏变换阅读的方式,有利于孩子调用全部的感官来学习吸收,增进对书中内容的理解。

093 读完书，我想说……

我读的书是：_____

_____

我对这本书的想法：

_____

_____

_____

亲子阅读

读完某一本书，你头脑中有没有特别想要说的话？可以和爸爸妈妈说一说。

家长日课

思维看不见又摸不着,但当孩子谈论书的时候,正是在进行一种有声的思考,在借助语言把思维显性地表述出来。通过听孩子说,父母有机会充分了解孩子对书中内容的理解。这时,父母最好做个好听众,暂时收起评判心,不对孩子表述的内容指指点点,从而让孩子感受到阅读与思考的迷人之处。

094 书里书外

亲子阅读

在你读过的书里,有哪个画面是你很喜欢又有可能在生活中复制出来的?比如,卖火柴的小女孩梦到的丰盛的晚餐,是不是可以用橡皮泥捏出来?比如,三只小猪盖的房子,是不是可以用你的积木搭一搭?和爸爸妈妈一起,把书里的画面在书外的生活中创造出来吧!

第二部分　家庭联结

家长日课

亲子阅读不仅局限于埋头读书,家长还可以支持孩子发挥想象力,把书籍里的场景复现到书外。在复现、创造的过程中,孩子头脑中会不断地思考,反复深入地理解书中的内容,并和现实中的作品不断对比、推敲。创作完成之后,这个看得见摸得着的作品,又可以让孩子调动感官体验,加深对书籍内容的理解,甚至成为演绎书籍内容的道具、场景。

095　我想知道更多

我读的书：_____

_____

我对这本书的问题：_____

_____

1. 在阅读某一本书的过程中，有什么问题，让你感到好奇，想要搞得更清楚？请把问题写在空白处。
2. 和爸爸妈妈一起想一想，可以从哪些书以及其他媒介中检索信息，寻找答案？

家长日课

阅读不仅能够扩展知识，还能够启发孩子的好奇心、探究欲。当孩子呈现出对某个问题的好奇时，家长可以顺势而为，带领孩子查阅书籍、资料，引导孩子深入阅读，扩展阅读，发现知识之间的联系。在支持孩子探究和寻找答案的过程中，孩子不仅读到了更多的书，学到了更多内容，更学会了主动探究的学习方法。

096　处处都是艺术

菜市场里的艺术：
如：蔬菜摆放的样子。

厨房里的艺术：

大自然里的艺术：

_____ 里的艺术：

_____ 里的艺术：

亲子美育

1. 艺术可以是你喜欢的一个画面、一段声音、一件物品。和爸爸妈妈一起在生活场景中发现艺术，并记录下来。
2. 自己寻找两个生活中的艺术场景并记录下来。

家长日课

追求美、追求艺术并不是附庸风雅,因为生活里处处都是艺术。开展亲子美育,就是重新发现生活中的美和艺术。在这个视角下,我们会发现,美和艺术其实是生活的一部分,生活中处处都藏着可以开展美育的机会。

097 我的艺术家时刻

我曾经被艺术感动的瞬间：

_____

_____

_____

亲子美育

每个人都有被艺术感动的时刻，每个人都可以进行艺术创作。和爸爸妈妈一起回想一下你们各自的"艺术家"时刻，给对方讲一讲当时的情景。

家长日课

重新认识自己和美、和艺术的关系,可以帮助孩子和家长意识到自己曾经被美感动,自己很会欣赏美,甚至还可以进行艺术创作。艺术源于生活,父母可以和孩子在生活中一起多多开展艺术体验活动。

098 美是自由的

亲子美育

> 有一天，
>
> 如果你有自己特别想画的画，
>
> 特别想唱的歌，
>
> 特别想写下来的文字，
>
> 记得告诉自己：
>
> 美是自由的，我可以这么做。

请你用下面这段话当作文案，和爸爸妈妈一起设计一张海报。可以在海报上画画，也可以在上面粘贴装饰物，自由地发挥你们的创造力。

第二部分　家庭联结

家长日课

开展亲子美育需要支持性的环境。对于美的欣赏和创作是自由的,需要尊重每个人的自主性,不要束缚和干预孩子的想法。这个活动帮助孩子和家长不断地提醒自己,"我可以自由地欣赏美,我可以自由地创造美,在美和艺术的世界里,我可以拥有自己的想法"。

099 创建支持性环境：美是独特的

亲子美育

> 我的画和爸爸妈妈的画有什么不一样？
>
> _____
>
> 我对美的欣赏和别人有什么不一样？
>
> _____
>
> _____

1. 选择同一个物体，你和爸爸妈妈分别按照自己的想法画下来。创作过程中不可以互相偷看哦。
2. 完成创作之后，和爸爸妈妈讨论一下，你们画的有什么不一样？

家长日课

每个人关于美的创作、欣赏、感受都是独特的。在艺术的世界里,没有唯一的标准用来衡量所有的孩子,没有一套整齐划一的要求能够指导每一个不同的人。发现、认可、珍惜自己的独特之处,是亲子美育的基础,对美育实践起到至关重要的作用。

100 我对美的感受

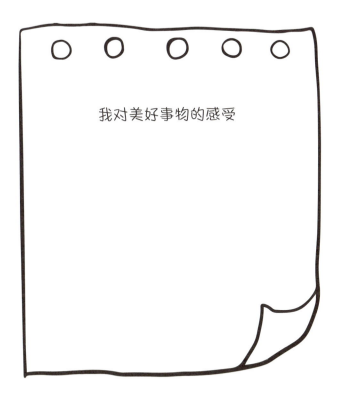

1. 对于美的事物，你有哪些印象深刻的感受？这个事物可以是一幅你喜欢的画，一段触动你的音乐，或者一本让你爱不释手的书。用语言描述一下自己当时的感受。
2. 请爸爸妈妈也分享一下令他们印象深刻的对美的感受。

家长日课

感受美,是重要的美育实践之一,也是其他各类美育行为的起点。具备感受美的能力,能够帮助孩子和家长推开艺术世界的大门,为更深入的美育实践打下坚实的基础。更重要的是,感受美、表达对美的感受,能够帮助孩子和家长丰富自己的精神世界,提升自身的艺术感受力。

101 我对美的欣赏

亲子美育

我最喜欢的一部艺术作品：

_____

我为什么被这部作品吸引？

_____

_____

1. 请你在优秀的艺术作品（比如绘画/音乐/电影/书籍等）里，挑选出一个自己很喜欢的。
2. 说说它哪方面吸引你，为什么？有什么地方让你觉得没那么满意，还可以改善提高？

家长日课

对美的鉴赏能力又被称为审美能力,需要在美育实践中有意识地进行练习。在欣赏艺术作品时,可以鼓励自己独立思考,基于自己的感受和想法,对艺术作品进行评价与分析。好的审美能力会提升孩子和家长的艺术品位,对进行美的创作有很大的推动作用,还会让人们有动力、有意愿去改变世界,创建更好的环境和生活方式。

102 我的创作和表达

1. 请你找出一件自己创作的艺术作品,比如一幅画、一段文字、一件手工作品等。
2. 对爸爸妈妈讲一讲,你为什么想要创作这个作品?你想表达什么?你的作品是怎样表达这些内容的?

家长日课

在亲子美育实践中，家长和孩子追求的重点并不在于提升艺术技巧，更需要看重的是如何通过创作构思、表达自己的观察、感受和理解。这个活动帮助孩子反观自己的艺术创作过程，理解自己在创作中的构思和表达，能够为孩子增加创作的动力和意愿，对提升创作能力也具有积极作用。

103 不可一日缺少美

在这一天里,我们和美有关的行为有:

_____

美的行为带来的感受是:

_____

_____

亲子美育

1. 回想一下,在这一天里你和爸爸妈妈和美有关的行为,比如感受美、欣赏美、谈论美、创造美等。
2. 这些美的行为给你和爸爸妈妈带来的感受如何?对你们的生活产生了什么影响?

家长日课

在每一天的生活中,美育行为不一定要占据很多时间,不一定要进行一场声势浩大的创作,利用十几分钟,欣赏、谈论一段音乐,或者画下家中的某个静物,都会让这一天因为有美的存在而变得灵动。

第三部分

学会学习

104 呼吸小伙伴

1. 躺在地板上或者床上,然后把你喜欢的一个毛绒玩具放在自己的肚子上。手臂放松,放在身体两侧。
2. 把注意力集中在你的呼吸上。吸气的时候,看着这个玩具升起来,慢慢地数1、2、3、4;呼气的时候,看着这个玩具降下去,再次慢慢地数1、2、3、4。反复进行几次。
3. 可以跟爸爸妈妈一起定期来做这个练习。做完之后,分享一下你们彼此的感受吧。

家长日课

这是一个关注呼吸的正念练习。通过让孩子把注意力放在吸气和呼气的整个过程中,能帮助孩子放松身心,回到当下,从而把注意力锚定在此时此刻。

活动提示

1. 做这个练习需要找一个安静的时间和空间,最好不要被人打扰。
2. 刚开始练习的时候,注意力可能很容易分散,这很正常。通过将注意力不断拉回到呼吸,精神会越来越集中。

105　舒尔特方格

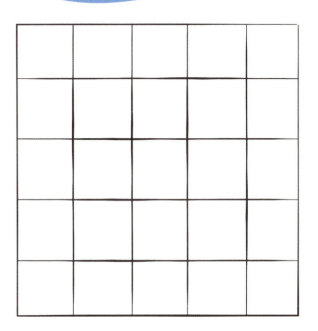

1. 制作一个舒尔特方格。方法如下：在一个 5x5（包含 25 个格子）的表中，用铅笔将数字1~25随机填入每个格子中。
2. 请你以最快的速度，按照由小到大的顺序，边指边读出数字1到25，让爸爸妈妈在旁边帮忙计时。
3. 和爸爸妈妈比赛，看看谁的速度快。
4. 一轮游戏后，可以擦掉原来的数字，重新填入数字1~25，进行新一轮的游戏。

家长日课

舒尔特方格是提升孩子注意力广度的一个简单、有效的工具。注意力广度,是指在有限时间内,一个人能够察觉或接收到的信息的总量。孩子拥有的注意力范围越广,他在认知、思考和创造等方面的表现就会越好。

活动提示

注意力广度会随着年龄增长而提升,如果孩子的速度没有家长快,这是正常的。家长不要用成人的标准去要求孩子,而是要看到孩子做得好的地方。

106 扑克牌去哪儿了

1. 爸爸/妈妈从扑克牌中任意抽取三张,在桌子上排列成一排。从这三张牌里选一张你想记住的牌,然后盯住这张牌。
2. 爸爸/妈妈把三张牌倒扣在桌子上,然后变换三张牌的位置。变换几次后,请你找出刚才选的那张牌。
3. 交换角色,由你来变换三张牌的位置,请爸爸/妈妈来猜牌的位置。
4. 可以设置积分,每猜对一次记一分,比赛结束后,看看谁的积分多。

家长日课

这个活动能提升孩子的选择性注意力。选择性注意力,是指从外界环境中过滤并筛选重要信息进行提取,同时忽略掉其他无关信息的能力。选择性注意力好的孩子,能更有效地排除干扰,把注意力集中在当前的学习上,取得更好的学习效果。

活动提示

可以根据孩子的年龄阶段和实际能力,适当增加或者降低游戏的难度。比如,可以通过增加牌的数量,增加变换位置的次数,或者提高变换的速度,来增加游戏的难度。

107 反口令游戏

口令示例	动作示例
向前一步	后退一步
举左手	举右手
下蹲	跳起来
向左转	向右转

1. 爸爸/妈妈快速说一个口令,你要按照口令的相反意思快速去做动作。比如,爸爸/妈妈说向前一步,你就要向后退一步;说举左手,你就要举右手。可以重复多次说口令。
2. 交换角色,你来说口令,爸爸/妈妈做动作。
3. 跟爸爸妈妈讨论一下,有哪些策略和技巧能帮助你更快更准确地做好动作?

第三部分　学会学习

家长日课

这个有趣的活动可以训练孩子的听觉专注力,同时提升孩子的逆向思维和反应能力。听觉专注对于孩子的学习非常重要,会直接影响孩子在课堂上的听课效率,进而影响孩子的学习效果。

108 乌龟与乌鸦

1. 你和妈妈两个人面对面站好,手掌相对,一个人扮演乌龟,一个人扮演乌鸦。
2. 站好之后,由爸爸在旁边读一个乌龟和乌鸦的故事(故事见活动提示),请你和妈妈认真听。当听到"乌龟"的时候,扮演乌龟的人就用手去抓对方的手,对方尽力逃开;当听到"乌鸦"的时候,扮演乌鸦的人就用手去抓对方的手,对方尽力逃开。只要碰到对方的手就算赢一次。在这个过程中,两个人只能用手去抓或逃,而不能移动自己的身体。

家长日课

这个游戏能帮助孩子集中注意力,认真听讲,并抓住重点信息,快速做出反应,从而提高孩子获取信息的效率和效果。

活动提示

下面是乌龟和乌鸦的故事:

从前,有一片森林,森林有一座小小的城堡,城堡里住着可怕的巫婆和她的仆人乌鸦。突然有一天,天上慢慢飘来一片乌云,转眼间乌黑乌黑的什么也看不见了,不一会儿就下起了大雨。在狂风暴雨中,巫婆听到有人在敲门,开门一看,原来是一只乌龟,还有一只乌贼。它们要求巫婆让它们进屋躲雨,巫婆同意了,可是乌鸦却不同意。它和乌龟可是多年的宿敌。雨越下越大,大家也越吵越凶,乌贼指着乌云对巫婆说:"雨这么大,乌鸦却不让我们进去,这样我和乌龟都会生病的,再不开门,我一定会让你的城堡变得乌烟瘴气。"最后,巫婆还是没有开门,没多久,雨停了,太阳出来了,乌云也散了,巫婆和乌鸦这才打开门,看见乌贼和乌龟已经冻得缩成一团了。

109 对旗语

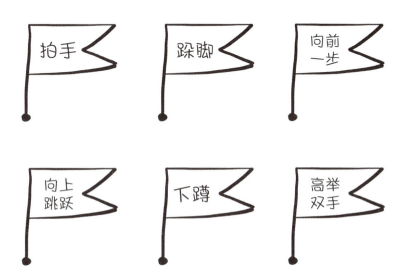

1. 准备6面不同颜色的旗子,每一面旗子代表一个动作。比如,红旗代表拍手,绿旗代表跺脚,蓝旗代表向前一步,紫旗代表向上跳跃,黄旗代表下蹲,白旗代表高举双手。
2. 由妈妈任意举起一面旗子,你做动作。要求动作迅速,举起旗子3秒后没做出动作或做错,都算失败。
3. 交换角色,你来举旗子,妈妈做动作。
4. 在这个过程中,你有没有觉得你的反应越来越快、越来越准确了?分享一下你的感受吧。

家长日课

这个活动可以锻炼孩子的专注力。当孩子能够更专注的时候,记忆力和反应能力也会更好。同时,在轻松、有趣的氛围中和孩子玩这个游戏,也能够增进亲子之间的情感。

活动提示

1. 在准备活动道具的时候,可以跟孩子一起做旗子,增加孩子的参与感。
2. 如果孩子的年龄较小,可以减少旗子数量,降低活动的难度。

110 设定"专注力魔法指令"

> 我的"专注力魔法指令"：
>
> _____
>
> _____
>
> _____

1. 这里有一个小魔法，可以帮你排除干扰。首先，当你觉察到自己走神的时候，可以调整一下坐姿，然后深呼吸，让自己的身体放松下来。
2. 接着，你可以给自己设定一个"专注力魔法指令"，可以是一个短语或者句子，比如，"巴拉拉能量"或者"我要认真听课，这很重要"。下次当你分心的时候，可以默念这个指令，帮你恢复专注力。
3. 你还有哪些排除干扰的方法？讨论一下吧。

第三部分 学会学习

家长日课

走神是一种常见的现象,也是保持专注的一大障碍。这个活动可以帮助孩子通过身心放松和有仪式感的"指令",掌控自己的注意力,让注意力集中在当前重要的事情上。

111 我是一颗种子

长大我会成为：_____

我需要这些成长要素：_____

阻碍我成长的因素：_____

假如你是一颗小小的"种子"，你觉得自己这颗种子将来会长成一个什么样的人？你需要什么外部条件才能成为自己？你觉得哪些因素会阻碍你的成长呢？跟爸爸妈妈讨论一下，在图中写下来。

家长日课

就像一颗橡树种子一定会成长为一颗橡树而不会长成一颗榕树，每个孩子也都有其自身的潜能，在外部条件充足的情况下，他们会自然地向上生长，这就是每个孩子的内驱力。父母要相信，每个孩子都是一颗种子，我们需要做的是为这颗种子的发芽和生长提供恰当的环境，而不是催促、控制他们的成长。同时，这个活动也让孩子相信自己拥有天赋的潜能和成长动力，从而获得成长的自驱力。

112　我的自主清单

我的自主清单		
生活上	学习上	人际关系上

1. 想一想在日常生活中，有哪些事情你能自己决定呢？图中是一个自主清单，把它补充完整吧。
2. 你喜欢自己做主的感觉吗？对于这些自己做主的事情，你通常做得怎么样呢？
3. 还有哪些事情你希望自己做主，而且相信自己能做好？跟爸爸妈妈聊一聊。

家长日课

自主性是内驱力的重要因素之一,不管是在学习上还是在生活上,如果孩子觉得"这是我的事情,我自己拥有决定权和控制感",那他就会拥有内驱力和责任感,能自主地把这件事做好。

113 我做得越来越好

做得好的:

例：我把书桌收拾得很整洁。 ☐

_____ ☐

_____ ☐

将做得更好:

例：我现在计算比较慢，但经过练习会算得更快。

_____

_____

内驱力

1. 想一想，有哪些事情你做得很好，对自己也比较满意，把这些事情填在图中的空白处。
2. 有哪些你擅长的事情一开始做起来有困难，但是经过练习和努力，现在能做好了？在这些事情后面的方框中画钩。
3. 有哪些事情你觉得自己做得没那么好，但相信自己经过练习会做得更好，把这些事情写下来。

第三部分　学会学习

家长日课

胜任感会带来前进的动力,当孩子比较擅长做某件事,或者经过自己的努力成功做成某件事的时候,就会体验到成就感和胜任感,这会让孩子有动力去付出更多努力,从而做得更好。同时,成功的胜任体验也能让孩子更有勇气去克服困难,迎接挑战,充分发挥内驱力。

114 因为有你们，我愿意去学校

> 我想去学校（幼儿园），因为：
>
> 例：我喜欢我的xx老师。

内驱力

想一想，在幼儿园或者学校，有哪些人或者哪些事让你感到开心，把这些人和事写下来吧。比如，你喜欢哪个老师，喜欢上什么课，喜欢跟哪个小伙伴一起玩、玩什么等。

家长日课

归属感既是每个人的基本需要,也是发挥内驱力的重要因素。当孩子在集体中有喜欢的人和喜欢做的事,就能找到自己的位置,也会更愿意融入。当孩子在学校找到自己的归属感,就会愿意表现得更好,在学习上更有内驱力。

115 我的"好奇心盒子"

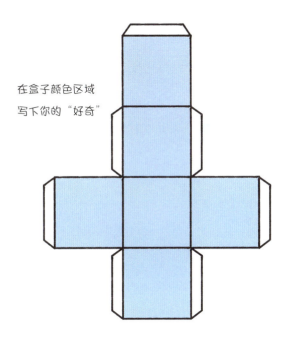

在盒子颜色区域写下你的"好奇"

内驱力

1. 我们对世界都充满了好奇,比如想知道花为什么是红的,天上为什么会下雨等,你对这个世界有哪些好奇呢?
2. 图中是一个"好奇心盒子",把你好奇的问题写在每个面上,然后把这个它剪下来,折成一个立体盒子。
3. 以后可以把你好奇的问题都装在这个盒子里。当你有空闲或者感到无聊的时候,也可以从中抽出一个问题来研究。

第三部分 学会学习

家长日课

每个孩子天生对外部世界充满好奇。学习的愉悦感很多时候来源于好奇心的满足。所以保护孩子的好奇心,就是在保护孩子的学习内驱力。"好奇心盒子"能"储存"并保护孩子对外部世界的好奇心,激发孩子的探索欲望,促进孩子主动学习。

活动提示

当父母觉得孩子好奇的问题比较可笑或者奇怪的时候,不要盲目打断或者嘲笑孩子,而是要跟孩子一起探索、讨论,有时候不一定能找到一个正确答案,但是寻找答案的过程能培养孩子独立思考和解决问题的能力。

116 因为喜欢，所以钻研

我对 _____ 感兴趣，
为了做好这件事，我要发展的能力有：

_____

_____

我需要在以下方面努力：

_____

_____

_____

内驱力

1. 你有没有一件自己很感兴趣的事情？
2. 为了做好这件事，你需要发展自己哪些方面的能力或者在哪些方面努力呢？把它们写下来吧。

家长日课

兴趣爱好也是内驱力的重要因素。很多孩子会主动钻研与自己兴趣爱好相关的知识,提高相关技能,从而获得更多成长和发展。这个活动从孩子的兴趣爱好入手,鼓励孩子去主动探索和练习,促进孩子成长。

117 不催促,更想做

> 我的感受是:_____
>
> _____

> 我希望爸爸/妈妈这样说:_____
>
> _____

内驱力

1. 跟爸爸妈妈一起表演以下场景:妈妈对孩子说:"别磨蹭了,赶紧写作业去,要不又得写到半夜!"
2. 当爸爸妈妈这样跟你说话的时候,你有什么感受?别人这么催促你,你愿意去做吗?为什么?
3. 你希望爸爸妈妈怎么做或者怎么说?

第三部分 学会学习

家长日课

在引导孩子自主学习方面,家长最容易陷入的一个误区就是不断催促,这不仅不会让孩子主动学习,还会破坏他的学习内驱力。因为不断提醒、催促的背后,是认为孩子不会主动学习,这是一种负面暗示,会导致孩子朝着我们暗示的方向发展。

118 我们都是木头人

爸爸得分:☆☆☆☆☆

妈妈得分:☆☆☆☆☆

我的得分:☆☆☆☆☆

1. 大家都扮演木头人,其中一个人同时负责发出指令。一开始,每个人都可以自由地行动、说话。当听到"我们都是木头人,不许说话不许动"时,每个人都要立即停住。没控制住自己的人退出游戏。
2. 玩五局之后,换另外一个人来发出指令。
3. 在每一局游戏中存活下来的最后一个木头人可以在图中自己的头像后面给一颗星星涂色。

家长日课

自控力最终体现在行为方面。通过这个游戏，孩子可以直接体会到对自己行为的控制。也可以规定赢得游戏后会获得家人的亲吻，以此让孩子感受到一个信任温暖的环境，为培养孩子的自控力提供保障。

119 红绿灯

行为	红绿灯
A. 吃饭的时候和家人聊天	○
B. 过马路乱跑	○
C. 打喷嚏捂住口鼻	○
D. 帮助陌生人	○
E. 边吃东西边写作业	○
F. 打人	○
G. 摔东西	○

1. 红绿灯中的红灯、绿灯、黄灯分别对应着不可接受的行为、值得鼓励的行为以及需要想一想再决定是否可以做的行为。请你想一想,列表中的事情分别对应的是红灯、绿灯、还是黄灯?请用彩笔在图中对应位置涂色。
2. 和爸爸妈妈一起讨论一下,这些行为为什么对应相应颜色的灯。
3. 除此之外,你还能想到生活中哪些行为对应着红灯、绿灯、黄灯?

第三部分 学会学习

家长日课

让孩子主动理解并且深度认同行为规则背后的原因,能够帮助孩子增加行为自控的动机,从而自觉自愿地去调整、控制自己的行为,这也是孩子培养学习习惯、树立正确的学习态度的关键。

活动提示

1. 在活动过程中,家长不要过于关注孩子对某个行为的简单判断,而是需要引导和启发孩子继续深入思考,关注孩子是否会提出关键问题、思考是否有理有据。
2. 某些行为是否被接受并不存在一个标准答案,不同家庭可以做出适合自家情况的判断。

120 两颗棉花糖

1. 现在你来参加一个实验:请爸爸妈妈准备两个你很喜欢的零食。在15分钟内,你可以选择只吃掉一个,也可以选择暂时忍住不吃,最终得到两个零食。看看你的结果是怎样的。
2. 回顾你参与的实验,你认为哪些做法和想法会让你觉得马上就想吃?哪些能够帮你暂时抵挡住零食的诱惑,争取获得两个零食?如果再来一次,还有其他哪些方法能够帮助你呢?
3. 让爸爸妈妈查查资料,给你讲一讲什么是棉花糖实验。

家长日课

通过这个活动,孩子可以对自己的自控力有更准确的认识。了解孩子在自控过程中的思考、感受以及行为的特点,可以帮助他充分调用自己的资源,找到适合自己的提升自控力的方法。

活动提示

讨论时,孩子可能会有天马行空的想法,家长不要评判,可以多问问孩子为什么会认为这个办法可以帮自己抵挡棉花糖的诱惑。让孩子充分表达自己的想法,从中发现孩子的特点和优势,因势利导。

121 我的目标这样实现

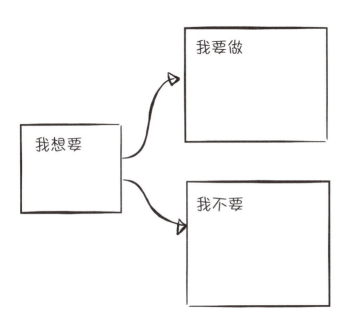

1. 请你和爸爸妈妈分别说一说各自有哪些想要实现的目标。可以多写几个,从中挑出一个明确清晰、最想要实现的。把它写在图中"我想要"的后面。
2. 你们如何实现各自的目标呢?请你和爸爸妈妈一起把目标分解成一个个连续的行动。写在"我要做"后面。
3. 再想一想,什么事情会阻碍你的行动?尤其是其他可能会吸引你、分散你注意力的事。把它们写在"我不要"后面。

家长日课

"我想要"和"我要做""我不要"是发挥自控力时可以运用的认知策略。从这三个方面入手,通过和孩子一起梳理关于自控的认知,会让孩子对行动的动机、如何行动以及行动过程中的困难有更准确的预期,进行更有准备的应对。

122 情绪脑与理智脑

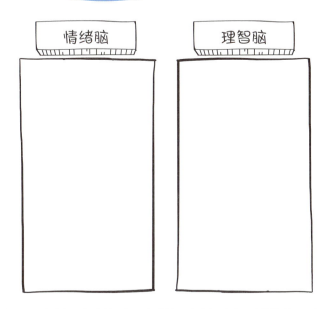

1. 我们的大脑中有一部分被理智思考掌控,它会帮助我们冷静地判断该如何行动,还有一部分受情绪掌控,会让我们因情绪产生冲动。有时候,当我们无法控制自己时,很有可能是理智脑无法与情绪脑抗衡,让我们难以做出明智的决定。
2. 回想一个你情绪激烈的时刻。你的情绪脑想干什么?理智脑想干什么?写在图中的相关位置。
3. 对于情绪脑中的想法和感受,请你和爸爸妈妈大胆、充分地说一说。
4. 充分表达之后,试着梳理一下,当时具体发生了什么事情,此刻情绪脑和理智脑分别想干什么,发生了哪些变化,记录下来。

家长日课

孩子的生理发展阶段决定了他们的理智脑无法掌管情绪脑。一方面家长需要引导孩子去分辨情绪脑和理智脑的不同,另一方面家长可以帮助孩子提升情绪管理能力,通过让情绪充分地表达、流动,而不是让孩子压抑、忽视、否认情绪,来促进其情绪管理能力的发展,提升理智脑的作用。

123　没有人可以给你贴标签

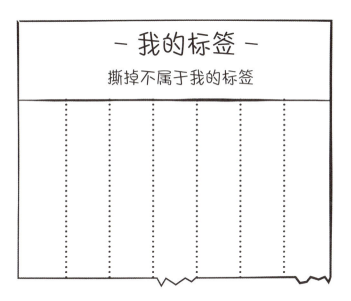

1. 和爸爸妈妈一起想一想，在哪些方面，别人认为你们自律性差、控制不住自己，但你们自己不认同？把这些方面在便利贴上写下来。
2. 对这些标签进行反驳，说出具体原因。
3. 做出撕掉标签的动作。要知道，每个人都是在成长变化的，我们随时可以做出不一样的选择。

家长日课

被贴上缺乏自控力的标签,会给孩子造成一定的心理压力,这种压力会让孩子感觉更加沮丧,陷入情绪困境,无法相信自己能够提高自控力。相信和认可,才能给孩子带来能量,促进孩子做出改变,充分发挥自己的潜能。

124 压力不是越大越好

自控力

1. 找一个气球慢慢地吹起来,过程中不断地摸一摸气球表面,感受气球由里向外的空气压力。图中有三个漫画表情,你觉得在不断吹气的过程中,气球分别对应着哪一个表情?
2. 想一想,用一个压力程度适中的气球,你能玩什么游戏呢?
3. 如果气球吹得太鼓,会发生什么呢?让爸爸妈妈帮忙,不断地吹气,直到把气球吹爆。

第三部分 学会学习

家长日课

不断施压的方式难以提高自控力,过强的自控要求反而会给孩子带来巨大的压力,会消耗掉孩子的意志力。当孩子观察到,随着压力越来越大,气球会爆掉时,家长可以向孩子介绍,这种现象就像我们每个人一样,适度的压力让我们充满活力,过大的压力反而会削弱自控力,让我们难以发挥正常的水平,甚至被压力击垮。

125　猜猜我心里的水果

1. 在图中选定一种水果，然后让爸爸妈妈通过问题猜这个水果到底是什么，你回答"是"或者"不是"，看最后他们是否能猜出来。
2. 总结一下，一般需要了解哪几个方面的信息，才能成功猜对这个水果是什么。这件事给你什么启发？跟爸爸妈妈一起聊一聊。

家长日课

单方面的信息不足以全面认识事物。想要做出准确的判断,我们就必须具备系统思维,看到事物的不同方面,还要学会综合各个部分的信息,形成一个整体的综合判断。这个轻松有趣的活动,可以让孩子初步感受到如何从整体上认识事物,建立系统思维的意识。

126 春天在哪里

春天的脚步

你观察过四季的变化吗？现在想一想，当你看到或者感觉到哪些信息的时候，你就知道春天要来了？比如，看到河里的冰开始融化了。把你想到的写下来或者画下来。

家长日课

系统思维是看到变化的思维,它帮助我们用发展的眼光看问题。寒来暑往的四季变化周而复始,让孩子在季节的流转中,深刻体验变化。

127 食物从哪里来

1. 你知道鸡蛋是从哪里来的吗？图中是鸡蛋的采集和运输过程。看到这个过程，你能感觉到自己在吃鸡蛋的时候，跟多少人联系在一起吗？
2. 选择一种你最爱吃的食物，想一想或者跟爸爸妈妈讨论一下，这个食物是从哪里来的？多少人参与了食物的生产过程？

家长日课

世界是普遍联系的,我们每个人也都不是孤立存在的。这个活动可以帮助孩子看到自己与他人、与社会甚至与自然之间的联系,培养系统思维,用联系的眼光看世界。

128 遇事问"五个为什么"

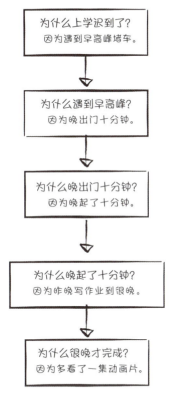

1. 你最近有没有遇到比较困惑的问题,"五个为什么"可以帮你解决这个问题,可以参考图中的例子。
2. 根据示例,用"五个为什么"这个思维工具,找出问题的根本原因,找到解决方案。

家长日课

很多问题如果只看到表面,就难以从根本上解决。"五个为什么"是一个深入分析问题的方法,帮助我们找到问题的根本原因,从而解决问题。

129 神奇的鱼骨图

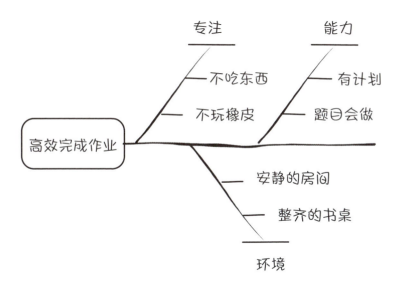

图中是一个"鱼骨图",这是一个从多方面分析问题和解决问题的思维工具,"鱼头"是要分析或者解决的问题,大的"鱼骨"是影响这个问题的重要的方面,小的"鱼刺"是各方面的具体原因。根据示例,跟爸爸妈妈一起制作一个"鱼骨图",分析一个你们认为重要的问题,比如:如何交到更多朋友?

家长日课

要解决一个问题,通常需要综合考虑多方面的因素,满足多方面的条件。鱼骨图帮助孩子通过直观形象又有趣的方式,学会系统思考问题,从不同的方面综合分析问题,最终解决问题。

130 到底谁说得对？

1. 把两种不同的水果摆成一排，比如苹果和香蕉（也可以是两个其他不同的物品）。让爸爸站在桌子前面，说一说，苹果在香蕉的哪个方向。妈妈站在桌子的另一边，也说一说它们的位置关系。你站在桌子的第三个边上，从你的角度说出苹果和香蕉的位置关系。
2. 你们三个人的答案一样吗？你认为你们说得都对吗，为什么？
3. 这件事给你什么启发，跟爸爸妈妈聊一聊。

家长日课

角度不同,观点就会不一样。系统思维是一种多角度、全方位看问题的思维方式。这个活动让孩子知道,不同的角度看到的风景不一样,得出的结论也不一样。所以要学会换个角度,这样才能全面系统地看问题。

131 安妮错了吗?

① 在学校,罗伯特嘲笑安妮的红头发,安妮很生气,动手打了他,把他的脸抓出一道血痕,导致罗伯特下午没有上课。听到这里,你支持安妮的做法吗?

② 在学校,所有人都是黑头发,只有安妮是红头发,因此她很自卑。罗伯特当众叫她"红毛怪",安妮觉得受到了奇耻大辱,动手打了罗伯特。现在,你支持安妮的做法吗?

③ 学校规定任何情况下都不能使用暴力,这项原则是所有同学协商一致通过的。当遇到矛盾,可以找班干部调解,找老师申诉,不能诉诸暴力。现在,你还支持安妮吗?

1. 图中是一个发生在学校里的小故事,让爸爸妈妈给你按顺序读一读,每读完一部分,请你回答相应的问题。
2. 现在总结一下,这三次你的答案分别是什么,有什么变化吗?这件事带给你哪些思考,跟爸爸妈妈聊一聊。

家长日课

很多事情没有绝对的对与错,对和错也没有唯一的判断标准。这个活动引导孩子从不同的层面看问题,看到事件中不同人的感受,也体验到不同价值观下会有不同的结论。学会系统地看问题,可以避免冲动和偏见。

132 图画来帮忙

1. 图中有12个草莓，一家三口分享，每人分几个？请用彩笔圈出每人分得的草莓。
2. 这时，邻居小妹妹来了，重新分享，如果每个人需要得到同样数量的草莓，那么每人可以分到几个？你可以用另外一种颜色的彩笔，试着在图中重新给每个人分草莓。

第三部分　学会学习

家长日课

孩子思维方式的发展需要经历从具体到抽象的过程。具象的图画有助于孩子理解信息、加工信息,思考过程中画图还可以让思维活动变得可视化,可以帮助孩子更有意识地认识自己思维的过程,提升逻辑思维能力。

133 神奇词汇

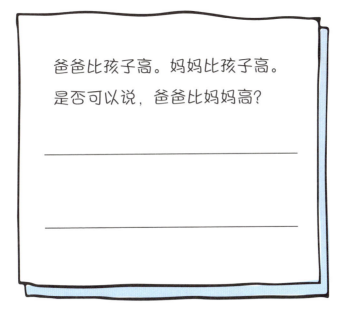

爸爸比孩子高。妈妈比孩子高。是否可以说，爸爸比妈妈高？

你认为，图中的描述哪里出了问题？和爸爸妈妈一起讨论一下。

家长日课

这个练习旨在让孩子对逻辑思维的结构有一个最初的体验,帮助孩子意识到逻辑词汇的准确含义,并尝试使用逻辑词汇进行简单的表达,逐渐培养孩子的逻辑思维能力。

活动提示

孩子更容易理解感官体验和具象化的信息,对他们来讲,理解并掌握抽象的形式逻辑是存在一定困难的。家长需要避免成人视角,需要多一些耐心,多听听孩子的理解和思考中的困难,用孩子能听懂、愿意接受的方式一起讨论和探索。

134　我能发现规律

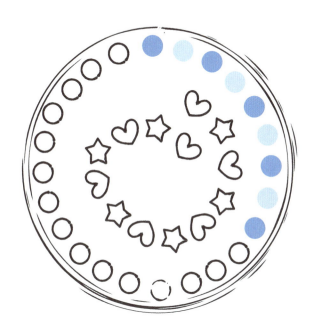

1. 看一看图中的蛋糕，外圈是用红蓝两色圆点来装饰的，你能发现其中的规律吗？
2. 请你按照刚刚发现的规律，给剩余的圆点涂上相应的颜色。
3. 蛋糕的中间要做一个螺旋形的装饰，用到了心形和五角星，这次你还能发现其中的规律吗？
4. 试着用你发现的规律，来完成蛋糕的装饰。

家长日课

归纳是一种常用的逻辑推理方式,即从已知信息中发现共同属性,从个别情况中找到普遍规律。孩子在很小的时候就可以感知到生活中各种各样的规律,通过有意识的引导,可以将这种感知心智化,培养孩子归纳推理的思维方式。

135 为什么是这样?

雪花都是白色的,北极会下雪,

所以,＿＿＿＿＿＿＿＿＿＿＿＿＿＿

男生要去男厕所,爸爸是男生,

所以,＿＿＿＿＿＿＿＿＿＿＿＿＿＿

逻辑思维

1. 以下句子划横线的部分有两种选择,你同意哪一种?
   猫喜欢吃鱼,小美家有只小花猫,所以,小花猫也<u>喜欢/不喜欢</u>吃鱼。
2. 想一想,为什么从已知内容推理出的内容是正确的?可以和爸爸妈妈一起讨论。
3. 图中给出了推理内容的第一部分,你有可能得出怎样的结论呢?

家长日课

和归纳推理相反,演绎推理从一般性的前提出发,推导出特殊、个别的结论,是在从逻辑的角度证明你所找到的规律是正确的。练习演绎推理可以帮助孩子提升思维的严密性。

活动提示

讨论时,家长可以把内容分为大前提、小前提、结论三个部分来看。首先,确定大、小前提的判断是真实的,再来确认推理过程是否符合逻辑的形式和规则。

136 问题太难怎么办？

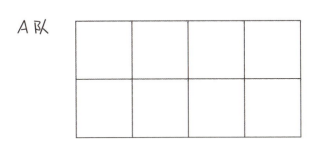

你知道人体拔河怎么玩吗？就像图中画的那样，人数相等的两队分别站在两边，队员之间手拉手，想办法把另一队站在最前面的成员拽过来，成为自己的队友。拽过来的人数多，就取胜。

1. 8个小朋友分为2队，玩人体拔河的游戏。第一轮，A队先拉过来1个人，获胜。第二轮，B队拉过来2个人，请问这时哪支队伍获胜了呢？
2. 每个方格里用数字1表示一个小朋友。每轮结束时，用铅笔试着在方格图中画出两队分别有几个小朋友？

家长日课

遇到复杂的问题时，可以引导孩子进行简化，可以从以下几方面思考：1.是否有可能将一个复杂问题简化为多个简单的小问题；2.问题的表达方式对自己来说是否困难，是否需要用更直观、自己更熟悉的方式来描述问题；3.列出全部已知信息后思考，是否有自己没注意到的隐藏信息。

137 我的结论我证明

在校时长的计算方法：_____

_____

在家时长的计算方法：_____

_____

逻辑思维

1. 请你预估一下，这个星期，你在学校的时间长，还是在家里的时间长？
2. 怎样可以证明你的观点呢？和爸爸妈妈一起讨论一下。记录下你们的思考过程。

家长日课

想要证明自己的结论,孩子需要回顾自己思考的过程,确认每一步思考的准确程度,以及每一步推理之间的严密性,这可以培养孩子有理有据的逻辑思维习惯。

活动提示

在和孩子证明观点时,家长可以启发孩子分别估算出周一至周五在校和在家的时间,再结合周末的情况,完成最终的证明。

138 一定是这样吗?

观点1:鸟都会飞。

正例 _____ 反例 _____

观点2:男生都不穿裙子。

正例 _____ 反例 _____

观点3:_____

正例 _____ 反例 _____

观点4:_____

正例 _____ 反例 _____

1. 请围绕图中的观点,分别举出支持这个观点的正面事例。
2. 现在再来想一想,有没有不支持这个观点的反例。
3. 试着在日常生活中发现一些观点的正例与反例,把它们记录下来吧。

家长日课

寻找正例与反例,能够帮助孩子全面思考,养成根据事实形成结论的思维习惯。

活动提示

父母平时也可以多和孩子讨论一些生活中常常听到的观点,和孩子一起对观点是否正确进行思考、辨别。

139　一起玩数独游戏

	1					5		4
	9	6			7			
			2		4		1	
					5	8		7
	8	5		6				2
		4						
5	3						9	
		9		3				5
			5	4			6	

跟爸爸妈妈一起，完成图中的数独游戏。根据已知数字，在下图的空格中填上1~9这九个数字，要求每一行、每一列不能有重复的数字。

家长日课

数独是一种广受欢迎的数学逻辑推理游戏,难度不等,适合各个年龄阶段的孩子。它让孩子在游戏中锻炼逻辑思维能力,培养对数学的兴趣。家长在茶余饭后和孩子一起玩数独,可以寓教于乐,改善家庭氛围。

140 事实、观点大不同

```
汽车是一种交通工具。        ○
鸟都很漂亮。              ○
足球是圆的。              ○
大树很孤单。              ○
橙子里含有维生素C。        ○
蓝色的文具盒很好看。        ○
牛奶都是从牛身上挤出来的。   ○
每个人都喜欢吃巧克力。      ○
```

批判性思维

1. 你了解什么是事实,什么是观点吗?简单来说,事实是指可以被反复证明的东西,而观点是指一个人的感受、想法或者信念。比如,冰块是凉的,这是一个事实;我喜欢冰块,这是一个观点。
2. 图中有一些描述,如果你觉得是事实,就在旁边的圆圈里涂上红色;如果你觉得是观点,就在旁边的圆圈里涂上蓝色。
3. 在生活中,你发现还有哪些是事实,哪些是观点呢?跟爸爸妈妈讨论一下。

第三部分 学会学习

家长日课

学习区分什么是事实,什么是观点,这是建立批判性思维的基础。这个活动可以锻炼孩子思考和分析的能力,让孩子对事实和观点有初步的判断,并逐渐懂得正确区分事实和观点。家长也可以在日常生活中经常跟孩子探讨不同的事实和观点,鼓励孩子表达自己的想法,锻炼孩子的批判性思维。

141 动物都吃草吗?

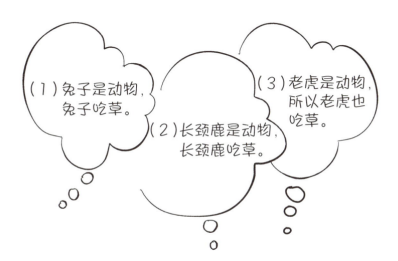

1. 图中有三句话,请你判断一下,由(1)和(2)直接推理得出(3)合理吗?
2. 和爸爸妈妈讨论一下为什么。
3. 在日常生活中还有哪些可能的推理错误呢?

家长日课

锻炼孩子识别论证的逻辑错误,是培养孩子批判性思维的重要部分。在一个论证中,当前提准确、推理有效的时候,才是一个可靠的论证,才能得出可靠的结论。这个活动能帮助孩子初步理解推理中的错误,逐渐学会做出正确的判断。

142 我是新闻小达人

新闻事件：

附近的居民楼着火了，消防队派出了他们新培训的消防动物长颈鹿去救人，3-5层的居民坐在长颈鹿的脖子上，安全地到达了地面。

我觉得这个新闻是真的，因为

1) _____

2) _____

3) _____

我觉得这个新闻不是真的，因为

1) _____

2) _____

3) _____

批判性思维

1. 图中有一个新闻事件，你觉得这个新闻是真的吗？
2. 如果是真的，为什么？如果不是真的，新闻中哪个地方让你觉得不合理呢？把你的理由写出来吧。

家长日课

孩子每天都会接触到很多信息,学会对信息进行分析,判断信息真假,是批判性思维的一项重要能力。家长可以经常和孩子讨论身边发生的事情或者孩子感兴趣的新闻话题,启发孩子多维度、多层面地去思考和判断问题,从而锻炼孩子的思辨能力。

143 蝴蝶结在哪里？

1. 小可有一个红色蝴蝶结，她记不得把它放在哪个盒子里了。你觉得蝴蝶结在哪个盒子里呢？
2. 蝴蝶结有没有可能放在其他盒子里呢？和爸爸妈妈一起讨论一下。

家长日课

去思考更多的可能性，而不是拘泥于标准答案，是批判性思维的一个重要组成部分。当孩子认为蝴蝶结放在大小正好合适的盒子里时，表明孩子具有自然的推理逻辑，但同时也可能忽略了其他的可能性，比如，蝴蝶结可以折起来放在小盒子里，也可以与多个蝴蝶结一起放在更大的盒子里。这个活动可以让孩子意识到，对于很多问题来说，答案往往不是唯一的，也没有所谓的标准答案，而是可以去探索更多可能的解决方案。

144 从A到B

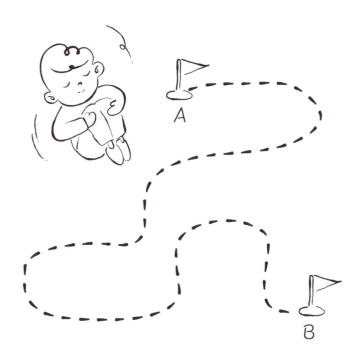

1. 在家里或者户外找到一个起点A和终点B，全家人一起站在A点。
2. 一个人说"开始"之后，大家轮流从A点到B点，每个人都要用跟别人不同的动作完成这个任务。一轮过后，继续循环做。如果做的动作跟前面的人重复，就被淘汰出局。
3. 看看谁是最后的胜利者，然后大家一起来讨论一下获胜秘籍吧。

家长日课

突破僵化的思维去观察和思考问题,寻求多种途径去解决问题,是批判性思维的重要一环。这个活动可以充分调动孩子的积极性,通过各种有趣好玩的动作来完成任务,启发和提升孩子思维过程的灵活性和创新性。

145 我是小小辩论手

正方观点	反方观点
动物园应该存在,因为它保护了动物,科普了动物知识。_____ _____ _____ _____ _____	动物园不应该存在,因为它限制了动物的自由。_____ _____ _____ _____ _____

批判性思维

1. 和爸爸妈妈来一场辩论赛吧。图中是辩论的主题,请你选择一个你同意的观点,作为正方或者反方,爸爸妈妈则作为另一方,各自列举出支持自己观点的理由。
2. 可以使用"我认为……,因为……"这个句式来表达自己的观点。

第三部分 学会学习

家长日课

培养孩子质疑、反思和反驳的能力,就是在培养孩子的批判性思维能力。当听到别人的观点或者想法时不盲从,而是问问"为什么",反思一下对方的观点是否正确,支持这个观点的理由和论据有哪些等,能提升孩子的批判性思维和独立思考能力。通过这个活动,家长可以鼓励孩子学会有理有据地去辩论,养成思考的习惯。

活动提示

输赢不是辩论的目的,在这个过程中,家长要更多地启发和引导孩子去表达,哪怕是天马行空的表达。家长要努力看到孩子说得好的地方,而不要批评孩子,打击孩子的自信心。

146 小角色，大能量

1. 2021年，微博热搜上曾有这样一则新闻：一名三年级小学生发现英语课本中出现了马戏团动物表演的内容，如大象用鼻子卷木头、猴子骑自行车等，认为内容会对读者产生错误引导，于是打电话给出版社，反映了这个问题。最终出版社采纳了她的意见，并表示"修订时将考虑删除"。
2. 如果你是这个小朋友，你会在电话中怎么跟出版社交流呢？
3. 你在生活中有没有发表自己的意见而被大人采纳的经历？跟爸爸妈妈讲一讲吧。

家长日课

具有批判性思维,意味着具有质疑精神,包括对权威的质疑。从小鼓励孩子敢于质疑,让孩子意识到,虽然他还是个小孩子,但只要勇于说出自己的意见和想法,就可以发挥大大的能量。

147 常见的物品不平常

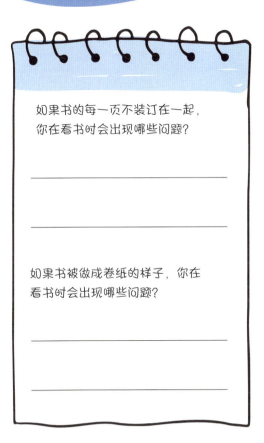

如果书的每一页不装订在一起,你在看书时会出现哪些问题?

如果书被做成卷纸的样子,你在看书时会出现哪些问题?

请你想一想,回答图中的问题。

家长日课

创造性思维的产生需要对生活素材进行大量的积累与加工。这就要求孩子要学会观察，能够在观察的过程中对常见的事物多做思考，发现背后的创意，养成爱观察、爱思考的好习惯。

活动提示

家长可以带着孩子在家里观察没有被装订在一起的抽纸、每一张都连在一起的卷纸，和孩子一起回想这些纸张使用的场景和方式。

148 问对问题：问题从哪儿来？

A组：哪只小猪的房子最结实？为什么？

_____

B组：如果小猪们的家里住不下了，你还有什么解决办法？

_____

创造性思维

1. 请爸爸妈妈给你讲讲三只小猪盖房子的故事。根据故事，回答图中问题。
2. 和爸爸妈妈一起讨论一下，图中这两组问题，你是否能直接从故事中找到答案？你觉得，这两组问题对于帮助小猪解决问题会有哪些启发？

家长日课

创造性思维的开启往往从问对问题开始。根据布鲁姆提出的"思维金字塔",提问可以分为以下两大类,一类引发低层次思考,包括记忆类问题、理解类问题、应用类问题,另一类引发高层次思考,包括分析类问题、评价类问题、创造类问题。依循这些提问技巧,家长可以引导孩子进行更为深入的高层次的思考,启发思维的创造性。

149 跳出盒子想一想

物品	常见用途	其他用途
包装盒		
纸杯		

想象一下,家里的这些常见物品还有其他什么不常见的用途吗?你能试着说出几种?

第三部分 学会学习

家长日课

打破常规是培养创造性思维的关键步骤,是创造力的生动体现。在生活中引导孩子多做这样的练习,可以帮助孩子不局限于固定经验,开阔思路,活跃思维,提升创造力。创造的灵感往往来自于这些不循规蹈矩的思考。

150　不同想法碰碰碰

图中左右两边的物品，是否可以任选两种连线组合，变出一个新物品或新发明？
向爸爸妈妈介绍一下你的新发明吧。

家长日课

在不同元素之间建立联结,是引发创造性思维的重要方式之一。这个练习能够启发孩子去寻找不同元素之间发生联结的可能性,激发孩子的创新意识,培养创造性思维,提高思维的灵活性。

活动提示

孩子的新发明很可能会非常天马行空,也许在现实生活中并不成立,这些都没关系。事实上,并不是每一次建立思维联结都会成功。相比于结果,最重要的是保持孩子思维的活跃度,敢于尝试在不同元素之间建立联结。

151 玩耍中的创意

你喜欢玩什么?	为什么?	想要在玩耍中改变什么吗?
过家家	我喜欢像妈妈一样,照顾小宝宝	我还想在家里养一只小猪

创造性思维

回想一下你非常喜欢玩什么游戏?为什么?你想要在玩耍中改变什么吗?请记录在下面。

家长日课

玩耍、游戏是孩子的天性,也是孩子学习的重要方式。在玩耍中,孩子会通过感官体验来认识世界,发现世界运转的规律。孩子对世界深入的感知才能带来探索与反思,启发孩子更加活跃、更有创造性的思考,为孩子点燃创造的内在动力。

152　发现我的创造力

你最近画过什么画？你还能用其他什么材料，用多少种不同的方法把它画出来？在空白处试试看。

家长日课

热情和兴趣是孩子发挥创造性的内在动力之一,也体现在孩子的一举一动之中。家长可以和孩子一起回顾他在日常生活中的热爱和兴趣,并在这方面支持孩子展现出他的创造性,这将会帮助孩子相信自己的创造力,并且更有动力去创造。

153 为什么要创造？

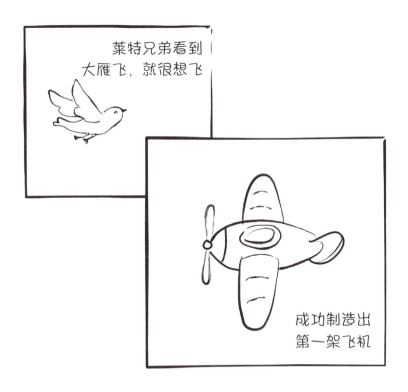

1. 你看到漫画中发生了什么事？用自己的话讲一讲。
2. 好奇的话，可以让爸爸妈妈给你讲一讲莱特兄弟制造飞机的完整故事。

家长日课

信念与意义是支持一个人进行创造的最高层次的动力,会从根本上激发孩子创造的意愿和行动。家长可以帮助孩子从名人故事中了解、体会创造背后的信念和意义感,在孩子的心里埋下为信念与意义而创造的种子,逐步帮助孩子发现自己创造的内在动力,并做出积极的行动。

154 什么东西不见了？

1. 妈妈从家里找出10样东西，可以是玩具、文具、生活用品等，把这些东西放在桌子上。
2. 你认真观察这10样东西，记住它们分别是什么。30秒以后，你转过头去，妈妈迅速拿走一样东西，然后你再回过头看，凭记忆回答妈妈拿走了哪样东西。
3. 可以多玩几次这个游戏，每次的物品可以不同。

家长日课

观察是记忆的基础,有意识地细致观察,才能更好地记忆。这个活动引导孩子仔细观察,体验到观察对记忆的重要性,从而提高记忆力。

155 记住三样东西

物品	特征
1. _____	1. _____
2. _____	2. _____
3. _____	3. _____

在你回家的路上,详细观察三样东西,并记住它们三个方面的特征,回来讲给妈妈听。比如,观察路上的一棵树,看看它树干有多粗,树叶是什么颜色和什么形状的,枝叶茂密还是稀疏,等等。

记忆力

家长日课

全方位、多角度的观察,能帮助我们更好地记忆观察的对象。这个活动引导孩子学会从多个角度观察,提高记忆效果。

156　学画思维导图

1. 图中是一个关于大象的思维导图，把它补充完整吧。
2. 根据思维导图的结构，给爸爸妈妈复述一下关于大象的知识，看看你记住了多少。

家长日课

思维导图帮助孩子理解知识的内部结构和不同部分之间的关系,让孩子学会系统地梳理知识,是一个对知识深度加工的过程,能够帮助孩子整理思绪,发散思维,加强记忆。

157　我是小老师

你今天在学校学了哪些有趣的知识，用自己的话讲给爸爸妈妈听。

家长日课

判断一个孩子理解并记住了某个知识点最好的方式,就是他能把这个知识用自己的话讲给别人听,这就是"费曼学习法"。让孩子充当"小老师",把课堂上学习的知识讲给爸爸妈妈听,这个过程可以帮助孩子梳理所学的知识,既能提高孩子的记忆力,又能提升孩子学习的内驱力。

活动提示

家长要以欣赏的态度倾听孩子,不要只把这项活动当成对孩子学习效果的考验和检测。

158 巧记古诗

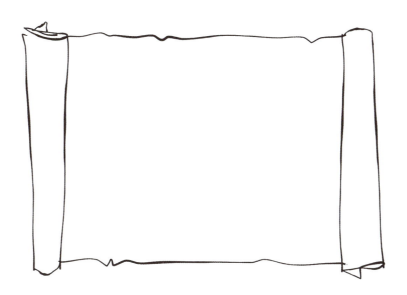

选一首你还不太熟悉的古诗,让爸爸妈妈给你讲解一下这首诗的意思,根据自己的理解,把这首诗画出来,然后根据图画把这首诗背诵出来。

家长日课

图像记忆帮助孩子把文字内容转换为比较鲜活的图像内容,便于联想,加深印象,是一种有效的记忆方法。把古诗图像化,可以帮助孩子更好地理解和记忆,同时增加趣味性。

159 过电影

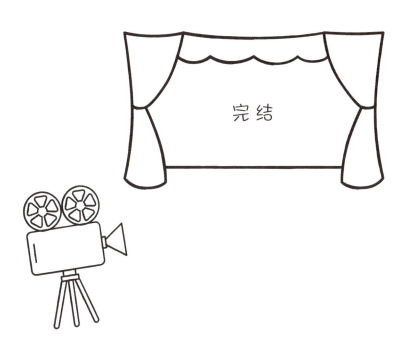

把今天学习的知识在大脑中像过电影一样,在心里给自己讲一遍。如果讲到哪忘记了就翻翻书。

家长日课

记忆需要重复。通过"过电影"的方式,在大脑中重复所学的内容,在这个过程中达到查漏补缺、深化理解、加深记忆的效果。

160 趣味编故事

发挥你的联想能力,把下面几个词语,编成一个你喜欢的小故事,然后一边在脑海中想着你的故事,一边把这几个词语复述出来。

家长日课

联想记忆让孤立的知识相互联系起来,并通过知识之间的联系进行记忆,让孩子对知识印象深刻,更容易记忆。

161 花费了多少时间？

事情	估算时间	实际时间
刷牙		
阅读		
看动画片		

1. 在表格中填上你每天都做的三件事情，试着估算一下每件事花费的时间，然后和爸爸妈妈核实一下实际用了多长时间，把它们分别填入表格中。
2. 你估算的时间和实际使用的时间差距大吗？跟爸爸妈妈讨论一下。

家长日课

通过让孩子估算自己做事的时间,并了解实际做每件事情的时间,能让孩子切身地意识到时间的存在,初步培养孩子的时间观念。

活动提示

在跟孩子讨论的过程中,父母不要带着评判心,不要对孩子说:"你看你在动画片上花费了这么长时间,在阅读上才花了这么点时间。"这种评判会阻碍亲子之间的交流,也不利于培养孩子对时间的自主感。

162 飞快还是漫长?

1. 当我排队等着玩一个游乐项目的时候，我觉得时间过得 快/慢。

2. 当我观看喜欢的动画片的时候，我觉得时间过得 快/慢。

3. 当我在 ＿＿＿＿＿＿＿＿＿＿ 的时候，我觉得时间过得快。

4. 当我在 ＿＿＿＿＿＿＿＿＿＿ 的时候，我觉得时间过得慢。

1. 在图中的情境中，你觉得时间过得快还是慢呢？请打钩选择快或者慢。你还能说出更多情况吗？
2. 问问爸爸妈妈，他们觉得什么时候时间过得快，什么时候时间过得慢？讨论一下为什么。

时间管理

第三部分 学会学习

家长日课

不同的人在不同的场合会对时间产生不同的感受。一般来说,当一个人在做喜欢的事情时,就会觉得时间过得快;而在无聊、等待或者做不喜欢的事情时,会觉得时间过得慢。通过活动让孩子体会到,不同的心理状态会影响自己对时间长短的感受。

163　要事为先

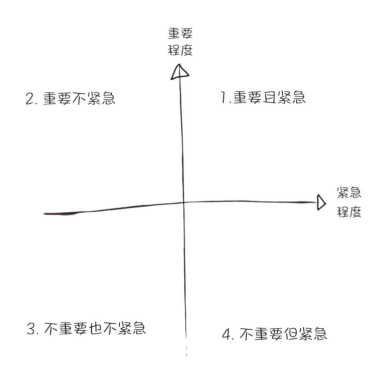

1. 我们可以把要做的事情按照重要程度和紧急程度进行划分，分成四个象限，分别是：重要且紧急，重要不紧急，不重要也不紧急，不重要但紧急。
2. 请你把你今天要做的事情进行分类，分别填入下图四个象限中。填完后跟爸爸妈妈讨论一下。

家长日课

通过运用时间管理的四象限图,父母可以帮助孩子分清事情的轻重缓急,学会合理分配自己的时间,把更多精力放在重要的事情上,养成"要事为先"的习惯。父母可以和孩子讨论对事情分类的意义,如果在分类上双方有不一致的地方,父母要认真听听孩子的想法,也要坦诚表达自己的意见,共同确定最终的分类结果。

164 我的美好一天

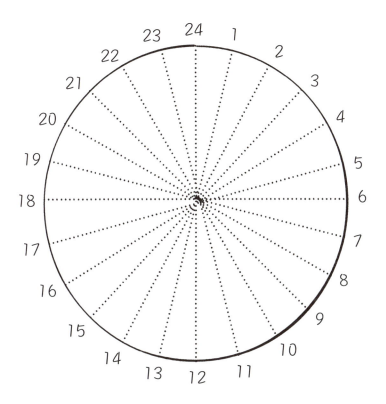

1. 这里有一个1天24小时的圆形图,在一天中,通常你的各项行动分别占用一天中的多少时间呢?在图中把行动写出来,并用不同颜色标记出来。
2. 爸爸妈妈也可以制作自己的圆形图。然后全家人一起讨论,美好的一天是如何度过的。

家长日课

通过直观地呈现一天的时间分配和行动安排,孩子就能很清楚地知道自己的一天是如何度过的。这能够增强孩子珍惜时间的意识,引导孩子学会合理、有效地规划时间。让孩子了解父母的时间安排,比如,了解父母在工作上和家务上花费的时间,也能够增加孩子对父母的理解。

活动提示

在填写每天的行动时,可以按照整段时间来考虑,不用一开始就考虑得太详细,比如,早上洗脸、刷牙、换衣服等,都可以概括为"早上的准备",这样可以让孩子对时间安排有整体的印象。

165 列清单，找顺序

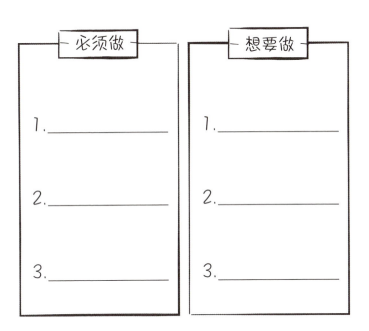

1. 你每天放学后到睡觉前这段时间，有哪些必须要做的事情？还有哪些事是你想做的呢？在相应的空格处把这两类事情写出来。
2. 你想按照怎样的顺序来做这些事情呢？用数字序号标出来，然后跟爸爸妈妈讨论一下。

家长日课

列清单有助于孩子制订有效的计划、合理安排自己的时间,是提高孩子做事效率的好方法。通过统筹安排"必须做"的事和"想要做"的事,孩子会更有动力合理利用时间,高效完成任务。

活动提示

对于孩子选择的做事的顺序,父母不一定会认同。如果父母觉得孩子的排序有问题,可以先听听孩子的想法,促进孩子进一步思考,找到更合适的做事顺序。

166 我的"土豆钟"

任务	开始时间	结束时间

1. 你可以试试用"土豆钟"来管理你的时间。先把你接下来计划要完成的任务列出来,填入图中的表格中。
2. 然后选择一个任务,设置一个15分钟的时间段,专注地去完成这个任务,直到15分钟后闹钟响起,停下来休息5分钟。
3. 按照这种方式再完成下一个任务。跟爸爸妈妈讨论一下你使用"土豆钟"的感想吧。

家长日课

"土豆钟"是时间管理的常用工具"番茄钟"的儿童版。番茄钟通常是用25分钟专注地学习/工作,然后休息5分钟,再开始下一个时段。根据孩子的注意力特点,把25分钟调整成15分钟。通过用"专注-休息-专注-休息"的模式来做事,孩子可以在特定时间段专心地完成任务,锻炼自己专注的能力,同时劳逸结合,有助于提高学习效率。

167 高效让我充实而快乐

今日重要任务	我用了_____时间
1._____	完成任务后我可以
2._____	_____
3._____	_____

时间管理

1. 跟爸爸/妈妈各自找一项对自己来说很重要的任务，然后专心去完成它，看看在最佳状态下多长时间可以完成。
2. 在完成任务之后，每个人可以选择做一件自己喜欢的事情。

家长日课

根据帕金森法则,当人们给自己安排了充裕的时间去完成一项任务的时候,就会放慢节奏或者增加其他活动以便用掉所有时间,从而导致效率低下。要避免帕金森法则的陷阱,就需要有动力保持高效积极的身心状态去做事。父母要让孩子意识到,高效利用时间,可以帮助我们有更多的时间自由支配,度过充实而有意义的时光。

第四部分

品格养成

168 动力从哪儿来?

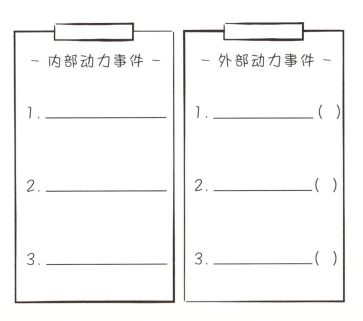

1. 想一想,生活中哪些事是你自己想做的?在图中列出三件。想做这些事的动力来自于你自己,是你的内部动力。
2. 哪些事是别人要求你做的?请列出三件。做这些事的动力来自于外部,叫做外部动力。如果别人不要求,你还想做吗?想做的话,在后面打上钩,这意味着这件事中除了外部动力,仍然有你的内部动力。

第四部分 品格养成

家长日课

孩子做事情的动力可以分为内部动力和外部动力。充沛的内部动力是孩子能够积极主动行事的根本原因。在日常生活场景中,内部动力和外部动力往往同时存在,帮助孩子区分内部动力与外部动力,从中识别出自己的内在动力,会让孩子更愿意积极主动地去做事。

169 不怕犯错

— 爸爸小时候犯过的错 —

— 妈妈小时候犯过的错 —

1. 请爸爸妈妈讲一个他们小时候犯过的错误。
2. 和爸爸妈妈讨论一下，错误可怕吗？在这一次犯错中他们有什么收获？

家长日课

孩子不敢积极主动做事的原因之一就是害怕犯错。家长需要帮助孩子理解，犯错是每个人都会经历的正常过程，错误是在告诉我们哪里可以改善提升。家长对错误能够有一定程度的接纳，也会影响孩子不惧怕犯错，敢于积极主动地尝试。

170 记住我的目标

我最想做的三件事情:

1) _____

2) _____

3) _____

通过做每件事想实现的目标:

1) _____

2) _____

3) _____

积极主动

1. 列出你内心最想去做的三件事。
2. 你想通过做每件事实现什么目标呢？请写下来。

家长日课

明确自己的目标，拥有目标感，能够帮助孩子积极主动地去做事。在日常生活中，家长可以通过和孩子多做探讨，帮助孩子强化做事情的目标感，让孩子感受到目标感带来的积极主动的体验，培养孩子积极主动的品格。

171 我能行

> 我觉得，也许我可以试一试 _____
>
> _____

> 我觉得，也许我可以试一试 _____
>
> _____

> 我觉得，也许我可以试一试 _____
>
> _____

积极主动

你有没有很想做某些事，却担心自己不能胜任而放弃？想一想，自己真的是完全不能胜任吗？有没有哪些事你可能可以做到，在空白处写出三件事，大声读一读，挑选其中一件事去做。

第四部分 品格养成

家长日课

在日常生活中,会有一些时刻,孩子明明想积极主动地去做事,却因为不相信自己的能力而中途放弃。胜任感能够给孩子赋能,破除孩子对自身能力的不信任,让孩子敢于主动尝试,是培养积极主动品格的重要方面。

172　主动的感觉真好

原因A: _____

_____

原因B: _____

_____

原因C: _____

_____

积极主动

想一想，别人要求你做某件事，和你自己想去做这件事，感受有什么不一样？你认为哪种感受更好？试着说出三点原因。

家长日课

好的体验是可以正向强化行为的。帮助孩子有意识地感受主动做事带来的满足感、自主感,会在一定程度上让孩子更愿意积极主动地做事。在下一次的实践中,孩子会更倾向于体验积极主动所带来的良好感受。

173 我是事情的主人

请写出三件被动做的事:

1) _____

2) _____

3) _____

有什么办法成为这件事的主人吗?

_____

积极主动

1. 想一想,你做哪些事情时很不情愿,觉得在为别人而做?请写出三件这样的事。
2. 请在这三件事中选择一件,想一想,有什么办法可以让自己成为这件事的主人?如果需要爸爸妈妈的配合,可以和他们沟通。

第四部分 品格养成

家长日课

积极主动的品格还要求孩子具备化被动为主动的能力,能够转换心态和做事方式,充分发挥自己的主观能动性,让自己成为事情的主人。在结合日常生活的练习中,家长可以循序渐进,从孩子自认为最容易转变的事情上开始,引导孩子掌控自己的生活,养成积极主动的品格。

174 先知先行

明天要去游乐场玩,可能<u>会下雨</u>,所以我最好<u>带上雨具。</u>

我想去乐乐家找她玩,她可能 _____ _____ ,所以我最好 _____

周末的早上,我想给妈妈做煎鸡蛋吃,冰箱里可能 _____ ,所以我最好 _____

积极主动

当你想做一件事的时候,可能会发生一些意料之外的情况。在下面的场景中,你预判可能会发生什么情况?有什么办法可以应对这些情况呢?

第四部分 品格养成

家长日课

积极主动的行为需要预先筹划,提前判断可能出现的各种情况,提前规划方案,保证事情顺利完成。培养这项能力,需要结合日常生活场景,为孩子提供机会,多多练习,养成预先筹划的习惯,提升积极主动的行动力。

175　困难面前，我有优势

困难事件：_____

_____

面对困难，我的优势是：_____

_____

_____

抗挫力

最近有没有一件让你觉得困难的事情？你认为自己有哪些优势可以帮助你克服这个困难？把你的优势写下来吧。

家长日课

自我价值感和自信心是抗挫力的基础,如果孩子在生活中缺乏自我价值感,那么在困难面前就容易陷入习得性无助,抗挫力也无从发展。这个活动引导孩子发现自己在困难和挫折面前,有哪些能力或者优势可以帮助自己应对挫折,提高抗挫力。

活动提示

如果孩子无法说出自己的优势,家长可以客观反馈孩子的优势,帮助孩子建立自我价值感。

176 有情绪就表达

回想一件你曾经的失败经历:

_____

_____

当时你有什么感受呢?

_____

_____

_____

回想一件你曾经的失败经历,当时你有什么感受呢?跟爸爸妈妈说一说,让他们当你的倾听者。

家长日课

失败和挫折让人产生挫败感,这是正常的心理反应。应对挫折的前提是清楚地感知并充分地表达自己的挫败情绪,而不是压抑或者否认。只有能顺畅地把挫败情绪表达出来,我们才能有新的力量去迎接挑战,战胜挫折。

活动提示

当孩子表达自己的感受时,父母只需要认真倾听,或者简单重复孩子的话,避免说教或者否认孩子的感受。

177 快速减压练习

1. 跟爸爸妈妈一起,重复下面的动作6次。
   首先,深深吸气,握紧拳头,全身绷紧,感觉自己整个身体都紧张起来了。
   然后,用力呼气的同时全身迅速放松,感觉整个人一点力气都没有了。
2. 在活动中,有没有感觉身体放松了?每个人说一说自己的感受。

家长日课

挫折和压力会导致身心紧张,限制个人能力的发挥。提升抗挫力就需要帮助孩子具备应对压力和紧张的能力。通过身体的放松练习可以帮助孩子疏解情绪,放松心理,从而让孩子以更加积极的心态去应对挫折和挑战。

178　学会客观归因

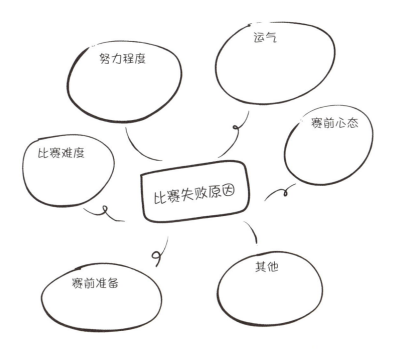

小明在一次乒乓球比赛中输给了对手,下面是他对这次比赛失利的总结和原因分析,如果你是小明,把下面的内容补充完整。

家长日课

归因是每个人对结果的解释方式,过度外部归因会让孩子学会逃避责任,把失败的原因都归咎于他人或外界;而过度内部归因则会打击孩子的自信心,导致他全盘否认自己,丧失战胜挫折的勇气。它们都不利于孩子抗挫力的发展。我们要引导孩子学会客观全面地归因,遇到挫折能够从不同角度反思、总结经验,这样才能恰当地应对挫折。

179 我具备思维的灵活性

例如：这次考试没考好，是一次挫折，同时也是一个查漏补缺，反思自己的机会。

_____

_____是压力，同时也是一个_____的机会。

1. 你遇到过压力或者挫折吗？你是怎么看待它们的？
2. 下面的示例给你什么启发？把下面的内容补充完整。

家长日课

抗挫力重要的认知基础之一是具备思维的灵活性,能从不同的角度看待挫折和压力,把挫折和压力当成提升自己、发挥潜力的一个机会,而不是一次打击或者无法战胜的挑战。这个活动帮助孩子学会从积极的角度看待挫折和压力,提升应对挫折的能力。

180 问题解决策略

我的目标

目前水平：跑200米就气喘吁吁。

建立目标：通过____个月的努力，

达到_____

分解目标：

每天户外活动_____小时。

每天慢跑_____米。

每天跳绳_____个。

其他：_____

抗挫力

小强运动能力比较弱，他想提高自己的运动能力，请你根据提示，帮他把下面的计划补充完整。

家长日课

面对问题时,孩子需要学会合理地评估,建立一个恰当的目标,并通过分解目标,一步一步克服困难,取得成长和进步。这个活动可以帮助孩子学会解决问题的策略,提升抗挫能力。

101 我可以得到帮助

让我感到困难的事情：

_____

希望爸爸妈妈给予的帮助：

_____

希望老师给予的帮助：

_____

希望朋友给予的帮助：

_____

抗挫力

最近有什么事情让你感觉到困难吗？想一想你可以向哪些人求助。

家长日课

面对挫折和压力,每个人都需要有社会支持系统,得到父母、朋友或者师长的支持和帮助。所以学会寻求帮助,也是抗挫能力之一。这个活动让孩子知道,在困难和挫折面前,他可以向外界求助,在他人的支持下战胜困难,取得成功。

活动提示

不用担心孩子会变得事事依赖,如果在困难和无助的时刻,孩子总能得到恰当的支持,就能学会求助,同时树立一个信念:问题总可以解决。这是孩子具有抗挫力的信念基础。

182　未来的自己

三十年后我实现了我的梦想：_____

_____

三十年后的我是这样的：_____

_____

三十年后的我每天都会做：_____

_____

如果让时光穿越到未来三十年后，你能想象那个时候的你是什么样子吗？你每天在做什么？你的心情是怎样的？

坚毅力

第四部分　品格养成

家长日课

对孩子来说,要培养坚毅力,首先需要去探索自己的梦想,找到自己愿意追求的长远目标。在追求梦想和目标的过程中,孩子会更有动力坚持不懈地去努力,让自己的人生变得更有意义。从小和孩子展开关于未来的探讨和对话,有助于孩子思考自己的梦想和目标,为坚毅品格的养成奠定基础。

183 我的 SMART 目标

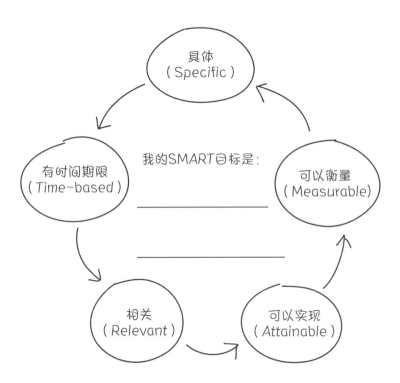

在最近一年中,你有没有要实现的目标呢?为了制定更明确的目标,你可以试着运用SMART原则。和爸爸妈妈一起把你的目标描述一下吧。

家长日课

目标对行动有着导向作用。当孩子的行动有清晰明确的特定目标,并且把自己的行动和目标不断加以对照,就能清楚地知道自己前进到哪里了,这样他就会更有动力继续努力和坚持下去。

104 我喜欢做这件事的感觉

做哪些事情我会感到开心，满足？

_____

_____

给我完全自由的一周时间，
我最期待做的是：

_____

_____

_____

坚毅力

1. 你做哪些事情的时候会感到开心、满足，甚至陶醉其中忘了时间呢？
2. 如果给你完全自由的一周时间，你最期待做什么呢？

第四部分　品格养成

家长日课

要培养孩子的坚毅力,父母就要帮助孩子发现他内在的热情所在,有了热情,孩子就能积极地投入时间和精力,并长期坚持下去。对于孩子感兴趣的领域,父母可以给予更多的鼓励和支持,增加孩子积极的体验,这有助于孩子更好地坚持下去,培养坚毅的品质。

185 我找到了行动的意义

回顾过去的一年,你有没有发现你的某一个行动服务了周围的人或者社区呢?请给爸爸妈妈讲一讲。

家长日课

当孩子知道自己的行动能给这个世界带来正向的作用,就能感受到行动的意义和重要性,发现自己与他人和世界的联结,这能增加孩子积极行动的动力,以及保持持续行动的热情。

186 刻意练习让我提高了技能

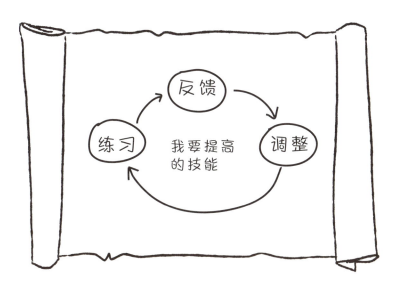

1. 最近你有没有想提高的一项技能呢？
2. 要提高技能，你可以使用"练习-反馈-调整-再练习"的方式。请在爸爸妈妈的帮助下，按照这个方式来做一个练习。

第四部分 品格养成

家长日课

刻意练习是一种有目的的练习,通过设置比目前水平高一层的目标,激励自己对该技能进行特定的练习,随后得到适当的反馈,并根据反馈的结果调整行为,再继续练习。通过刻意练习,孩子可以把重要的事情做得更好,也能从中获得坚持不懈的力量,提升坚毅力。

187 通过建立日常惯例克服困难

哪项技能,你越来越熟练地掌握了它?

_____

你克服了哪些困难?

1) _____

2) _____

3) _____

坚毅力

1. 回顾一下,你通过每天定时的练习,越来越熟练地掌握了哪项技能?
2. 你克服了哪些困难才坚持每天定时练习的?

第四部分 品格养成

家长日课

父母要培养孩子的坚毅力,可以帮助孩子建立日常惯例,这就意味着在固定的时间做某件事情,不管是学习、练琴,还是运动,让孩子知道自己在什么时间需要做什么事情。这不仅有助于孩子建立良好的秩序感,更从容地去做事,还能让孩子养成练习的习惯,促进孩子更好地长期坚持下去。

188 做一件有挑战的事

爸爸要完成的挑战性任务:

_____

妈妈要完成的挑战性任务:

_____

我要完成的挑战性任务:

_____

1. 跟爸爸妈妈一起各自给自己找一件有挑战性的事情,比如做深蹲100个。
2. 互相鼓励和监督,各自完成自己的挑战性任务。

第四部分　品格养成

家长日课

心理学研究发现,只有在挑战区内做事,一个人才会不断进步。培养孩子的坚毅品格,就要让孩子走出舒适区,拥抱挑战区。通过设立稍微具有挑战性的目标和任务,孩子会不断拓展新的能力,也会让学习和行动变得更有效。

189 好奇心清单

在日常生活中,你对哪些问题感到好奇?你想知道为什么会是这样吗?请把它们列在下面的好奇心清单中吧。

家长日课

对周围事物感到新奇、想要进行探究的态度是好奇心的起点和来源。好奇心清单能够帮助孩子有意识地关注到自己的好奇心,注意到自己想要对哪些事物以及现象进行探究,正面强化孩子的积极行为,是帮助孩子保持好奇、发挥潜能的重要一步。

190　不要阻拦好奇心

我想对 A 说：_____

_____

我想对 B 说：_____

_____

好奇心

下面这两位小朋友好奇的想法很需要得到鼓励和支持。你可以对他们说点什么呢？可以请爸爸妈妈一起帮忙想。

小朋友A在玩土，姥姥制止说："快别玩了，把衣服和手都弄脏了。"

小朋友B问妈妈："天空为什么是蓝色的？"妈妈着急地说："怎么那么多'为什么'？上学都快迟到了，赶快出发！"

第四部分　品格养成

家长日课

好奇心的发展,也需要外部环境的支持和配合,需要让孩子体验到积极正面的心理氛围。通过这个活动,孩子学会了如何支持和鼓励他人的好奇心,同时,他们也明白了当自己遇到类似情况时,可以怎样支持和鼓励自己,允许自己保持好奇,保护自己的好奇心不被外界环境影响。

191 好奇让我专注

我好奇的事:＿＿＿＿＿＿＿＿＿＿＿

＿＿＿＿＿＿＿＿＿＿＿＿＿＿＿＿＿＿

为什么想探索这件事?

＿＿＿＿＿＿＿＿＿＿＿＿＿＿＿＿＿＿

＿＿＿＿＿＿＿＿＿＿＿＿＿＿＿＿＿＿

探索这件事给我带来的满足感:

＿＿＿＿＿＿＿＿＿＿＿＿＿＿＿＿＿＿

＿＿＿＿＿＿＿＿＿＿＿＿＿＿＿＿＿＿

好奇心

回想一下，最近有什么总是让你感到很好奇、很想去探索的事？比如，你会盯着地上的蚂蚁看半个小时吗？请你试着回答图中的问题。

家长日课

好奇心会驱动孩子进行专注而投入的探索，持续探索又会激发孩子更深入的好奇与思考。这个过程不仅能够保护孩子的好奇心，强化好奇的内在动力，并且形成相互促进、不断发展的正循环。让孩子有意识地体会到自己对好奇事物的专注与投入，以及由此给内心带来的满足感，可以帮助孩子在某一领域不断积累与成长。

192 竟然是这样！

1. 请你把水装进量杯一半的高度，标记好水位线，然后把它放到冰箱里冻成冰。
2. 结冰后水位线的位置变低还是变高了？先写下你的想法，等水完全结成冰后，拿出来亲眼看一看吧。

家长日课

好奇陷阱策略通过制造悬念的方式引发孩子的好奇心,吸引孩子投入更多注意力,探究事情的真实情况。家长在日常生活中,可以多和孩子进行类似的探讨、对话,通过轻松、有趣、有吸引力的方式,培养孩子对事物充满好奇的习惯和品质。

193　好奇会提问

我好奇的事：月亮看起来一直在跟着我走。

1）月亮能看到我在往什么方向走吗？

2）月亮也会跟着爸爸走吗？

3）我和爸爸往不同的方向走，月亮会跟着谁？

我好奇的事：＿＿＿＿＿＿＿＿＿＿

1）＿＿＿＿＿＿＿＿＿＿＿＿＿＿＿

2）＿＿＿＿＿＿＿＿＿＿＿＿＿＿＿

3）＿＿＿＿＿＿＿＿＿＿＿＿＿＿＿

好奇心

选择一件令你感到好奇的事情，对于这件事情，你能提出三个问题吗？

第四部分　品格养成

家长日课

开启问题箱策略是引发孩子的注意力、启发深入思考的有效方法之一。面对令孩子感到好奇的事情，可以通过鼓励孩子提问，引发他们对这件事投入更多的注意力，进行更深入的思考，充分发挥好奇心的驱动力，开启更加深入的探究。

194　我的好奇计划

> 想了解的问题

_____

> 探索方法

_____

_____

_____

好奇心

今天要由你来制订一个好奇计划了!
1. 想一想,有什么问题是你很想了解的?把它写下来。
2. 能不能多想出几种探索答案的方法?把它们记录下来。可以邀请爸爸妈妈一起参与。

家长日课

很多时候好奇心会一闪而过,家长可以引导孩子制订探索计划,思考如何找到答案,让好奇的想法一步步发展为好奇的行动和探索。

195 动手去做，验证答案

钟表的时针和分针每天会重合 ____ 次

预测的理由是：_____

_____

动手验证后是否获得了新的线索呢？

_____

_____

_____

好奇心

1. 你知道钟表的时针和分针每天会重合多少次？说出你的结果和理由。
2. 在爸爸妈妈的帮助下，拨动钟表的指针，验证一下你的答案是否正确。
3. 答案不正确也没有关系。在动手验证的过程中，你是否获得了新的线索呢？

第四部分　品格养成

家长日课

行动和探索是对想法的实践，还能够验证其中的思考和预测是否正确。思考与预测的结果不可能永远正确，实际上，发现思考和预测中的错误，会为孩子进行下一步探索提供更多信息和线索，是在实践行动中向前发展的正常过程。

196 我是小小演说家

以"每个人都需要做家务"为主题,在家庭中发表一个简单的演讲。

家长日课

领导力主要表现为能够影响他人、感染他人。用自己的观点影响他人是很多领导者的共同特点。这个活动锻炼孩子当众发言和演讲的能力,让孩子遇事有立场,同时敢于表达自己的观点。

活动提示

家长可以首先发表演讲,给孩子做一个示范。

197　我的影响力

爸爸推荐的是：＿＿＿＿＿＿＿

原因：＿＿＿＿＿＿＿＿＿＿

妈妈推荐的是：＿＿＿＿＿＿＿

原因：＿＿＿＿＿＿＿＿＿＿

我推荐的是：＿＿＿＿＿＿＿

原因：＿＿＿＿＿＿＿＿＿＿

领导力

每个人给家庭成员推荐一本自己最喜欢的书，说明自己喜欢并推荐它的理由，尽量让人听了自己的推荐，特别想读这本书。

家长日课

想在某件事上对他人有影响力或者感染力,我们自身首先要在这件事上有热情,有自己独到深刻的见解。当我们自己表现出真诚、热爱、投入的态度,自然会感染别人,让自己在群体中拥有影响力和领导力。让孩子从推荐一本书这种小事开始,发展自己给他人带来积极影响的能力。

198 当机立断的智慧

把小鸟直接带回家再跟妈妈好好商量，同时可能被妈妈批评一顿。☐

把小鸟放到门外，先回家想办法争得妈妈的同意，同时小鸟可能有危险。☐

领导力

你在回家的路上捡到一只受伤的小鸟，打算把它带回家照顾。走到门口时忽然想起来，妈妈说过家里不允许养任何宠物。面对图中的两种选择，你必须在最短的时间内做出决定，在你的决定后面打钩，并跟爸爸妈妈解释你为什么这么选。

第四部分 品格养成

家长日课

领导者需要在很多紧急时刻做出当机立断的选择,但是这个决策不是盲目的,而是经过深刻思考、权衡利弊得失后的决定,这才是当机立断的智慧。这个活动能锻炼孩子的决策能力,培养在紧急情况下的决断力和决策力,发展领导才能。

199 我的特工队

队员1号：__明明__　　队员2号：_____

优点：__身强力壮__　　优点：_____

超能力：__力大无穷__　　超能力：_____

队员3号：_____　　队员4号：_____

优点：_____　　优点：_____

超能力：_____　　超能力：_____

领导力

假如你想跟几个朋友组建一支惩恶扬善的特工队，你是队长。想一想，你会选哪些朋友跟你组队？根据他们的优点，分别为他们设计一种超能力，写在下面的空白处。

家长日课

具有领导力的人,能够洞察并欣赏他人的能力和优势,帮助每个人充分发挥自己的所长,成为更好的自己。这个活动能帮助孩子学会看到他人的优点和能力,培养领导力。

200 知人善用

晚会安排

主持人：_____

原因：_____

场地布置：_____

原因：_____

维持秩序：_____

原因：_____

节目编排：_____

原因：_____

班里要组织一场文艺晚会，假如你是这次晚会的负责人，请你根据对同学们的了解，合理分配一下任务，并写出他们为什么能胜任这个任务。

家长日课

知人善用是领导力的关键。古今卓越的领导者都能做到让专业的人做专业的事,以取得整个团队的效率最大化。这个活动让孩子思考每个人的能力和优势所在,并结合工作需求,把合适的人放在合适的岗位上,锻炼领导能力。

201　毽子保卫战

☐　挑战2分钟毽子不落地

我的感受和想法：_____

_____

_____

1. 全家人围成一圈踢毽子，要相互配合保证毽子不落地。练习几次之后，一起挑战让毽子2分钟不落地。
2. 毽子保卫战，你们成功了吗？有什么感受和想法，跟爸爸妈妈一起分享。

家长日课

领导力不是一人包揽所有的事情，而是学会跟其他人友好合作，共同完成重要的目标。在合作的过程中，充分发挥自己的能力，也积极配合他人，欣赏他人的能力和贡献，这都是领导力的重要组成部分。这个活动让孩子体验合作的意义和重要性，学会与人合作。

202 我的团队我负责

可能面临的危险：

1) _____

2) _____

3) _____

如何保证大家的生命安全：

1) _____

2) _____

3) _____

领导力

假如你作为队长带领团队去一个荒岛上探险，有一天在外面活动的时候，突然遇到了暴风雨，你觉得暴风雨可能会带来哪些危险？你又如何保证大家的生命安全呢？写在图中空白处。

家长日课

领导力的关键在于,敢于并且有能力承担责任和风险,在危机时刻,能够临危不乱,做出有担当的决定和行为,重新带给大家信心和力量。这个活动引导孩子思考在紧急情况下,领导者应该如何发挥自己的能力,成为一个有担当的人。

203　让我欢喜让我忧的那些话

让我感到开心的评价：

_____

_____

让我感到不舒服的评价：

_____

_____

我认为这些评价：

_____

_____

_____

1. 回想一下，哪些评价让你感到开心？哪些评价让你感到不舒服？
2. 你是如何理解这些评价的呢？跟爸爸妈妈讨论一下。

家长日课

稳定的自我价值感是帮助孩子建立自信的基础。他人的评价会影响孩子的自我认知，可能会被孩子内化，变成自我评价的一部分。父母要引导孩子正确理解外部评价，既不要因为"好"的评价而妄自尊大，也不要因为"坏"的评价而妄自菲薄，从而帮助孩子树立稳固的自我价值感。

204　我不怕批评

我曾经因为 _____

_____ 而被批评，当时我的感受是

_____

我认为这个批评中合理的部分是

_____

不合理的部分是 _____

_____

从这个批评中，我学到了 _____

_____

自信心

1. 回想一件你因为犯错而被批评的事情，当时你有什么感受呢？
2. 你认为这个批评中哪些是合理的？哪些是不合理的？
3. 从这个批评中，你学到了什么呢？

第四部分　品格养成

家长日课

面对外界的批评,孩子需要接纳自己的情绪,汲取其中合理的部分,忽略不合理的部分,并从批评中有所学习和成长。通过这个活动,父母可以帮助孩子学习如何正确面对批评,学会辨识那些促进成长的反馈,不因为受到批评而怀疑自己的价值,促进孩子树立稳定的自信。

205 听妈妈讲小时候的故事

妈妈的失败经历：＿＿＿＿＿＿＿

＿＿＿＿＿＿＿＿＿＿＿＿＿＿＿

妈妈对这次经历的看法：＿＿＿＿

＿＿＿＿＿＿＿＿＿＿＿＿＿＿＿

＿＿＿＿＿＿＿＿＿＿＿＿＿＿＿

自信心

1. 请妈妈分享她小时候的一次失败的经历。
2. 问问妈妈，她是如何看待这次失败经历的？

家长日课

父母分享自身的失败经历,能让孩子看到,失败并不可怕,而是人生的宝贵财富,可以让我们获得有意义的经验。任何失败都不能定义我们的人生,而会成为帮助我们走向成功的桥梁。通过这个活动可以让孩子从中汲取力量,不惧挫折。

206 回忆我的高光时刻

当 我自己拼装好一个乐高玩具/学会

唱一首新歌 的时候，我感觉很自豪。

当 _____

_____ 的时候，我感觉很自豪。

当 _____

_____ 的时候，我感觉很自豪。

1. 回忆一下，哪些事情让你感觉很有成就感或者很自豪？把这些事情列一个清单吧。
2. 和爸爸妈妈一起做一个"成就盒子"，把最能代表你"高光时刻"的纪念品放进去，并把它放在家里显眼的位置。

自信心

第四部分 品格养成

家长日课

帮助孩子逐渐积累成功经验,让孩子在切实的行动中获得成就感,能促进孩子自信心的建立和发展。在日常生活中,父母要留心孩子做得好的地方,并给予真诚的鼓励和赞美,增强孩子对自己的信心,帮助孩子树立真正的自信。

207 不轻易说"我不行"

不自我设限

☐ 我觉得自己在 _____ 方面能力不行。

☐ 我觉得自己在 _____ 方面能力不行。

☐ 我觉得自己在 _____ 方面能力不行。

自信心

1. 你觉得自己在哪些方面能力不行呢？试着把它们列出来。
2. 挑选其中一项你觉得可能可以突破的能力，在相应的方框中打钩，然后努力尝试和练习。

第四部分 品格养成

家长日课

当孩子觉得自己在某些方面能力不行时，很可能是由于过往的经验或者外部的评价，导致他产生了"我不行"的信念，这种信念让他不敢去尝试，也不愿意付出努力。通过这个活动，父母可以帮助孩子摒弃"我不行"的信念，摆脱自我设限，鼓励孩子在更多领域去尝试，挖掘更多的潜能，从而增强自信心。

207 我能解决

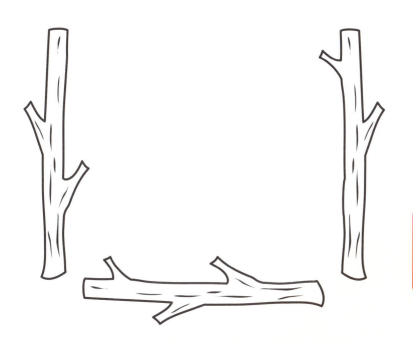

1. 请你先用三根木棍或者木棒摆成图中的图形,然后再用另外两根木棍或者木棒,在这个图形上拼成中文字、字母,或者你觉得有意义的任何图形。注意不能改变原有图形的形状。
2. 跟爸爸妈妈一起研究一下有多少种拼法。

家长日课

在日常跟孩子的互动游戏中,父母可以鼓励孩子充分发挥自主能力,包括想象力,让孩子体验到自己解决问题的能力。同时,父母也可以提供一定的"脚手架",协助孩子更好地解决问题,让孩子从解决实际问题的过程中感受到自身的价值和力量。

209 自信的身体语言

跟爸爸妈妈一起，模仿图中卡通人物的姿势，每个姿势保持一分钟。分别说说哪些姿势让你感觉自信和有力量，哪些姿势让你觉得保守或退缩。

家长日课

心理学研究认为,身体语言不仅能表达感受,还能塑造感受。身体的姿势也会影响一个人的自信水平。在本活动中,前三个姿势属于开放而有力的"强姿势",而后两个姿势则属于退缩的"弱姿势"。实验结果表明,强姿势会明显增加孩子的自信心和自尊水平,也会让孩子感受到更强的权力感。这个活动可以让孩子清晰地感受到身体姿势如何影响自己的心态,在面临一些挑战的时候,可以通过调整姿势,来提升自信。

210 自己的事情自己做

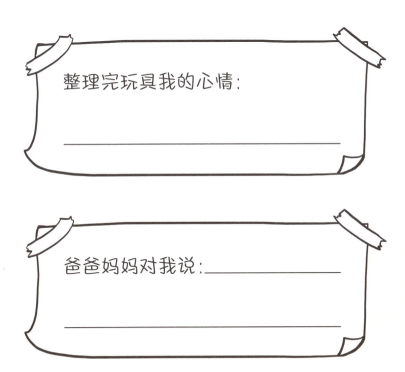

整理完玩具我的心情：

爸爸妈妈对我说：

责任感

整理一下自己的玩具，把它们各归其位，摆放整齐。整理完之后你的心情怎么样？爸爸妈妈对你说了什么？写下来吧。

第四部分 品格养成

家长日课

在力所能及范围之内,自己的事情自己做,是培养孩子自我责任感的关键。这个活动让孩子通过一次自我负责的体验,感受自己的事情自己做带来的内心成就感,在孩子心中种下一颗责任心的种子,为将来在更多事情上拥有自我负责的能力打下基础。

211 我的学习我做主

	我的学习我做主
1.	自己安排学习时间。
2.	
3.	
4.	
5.	
6.	
7.	

责任感

你是自己学习的主人。想一想,你可以在哪些方面自主决定自己的学习、为自己的学习负责任?也可以跟爸爸妈妈讨论,写在图中空白处。

第四部分 品格养成

家长日课

学习是孩子自己的任务,要引导孩子为自己的学习负责,培养自我责任感。这个活动让孩子体验到自己是学习的主人,自己可以而且应该在各个方面为自己的学习负责,并在自我做主、自我负责的过程中获得成就感和自主感。

212 后果勇承担

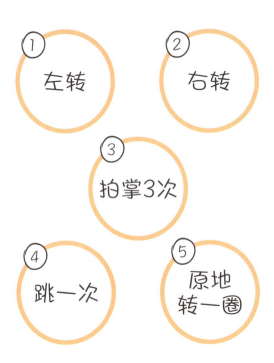

跟爸爸妈妈一起做下面的游戏:

每个人记住下面5个数字口令:①代表向左转,②代表向右转,③代表拍掌3次,④代表跳一次,⑤代表原地转一圈。主持人随机说出①~⑤任何一个数字,其他人迅速做出相应的动作,做错的人要大声说"我错了",深蹲5次。

孩子先当主持人,然后爸爸妈妈轮流做一次主持人。

家长日课

为自己的行为后果承担责任是一个人自我责任感的重要体现,也是每个孩子成长过程中不可或缺的能力和品格。这个活动在轻松有趣的氛围中让孩子学会为自己的行为承担责任,同时可以提升亲子关系,增加家庭成员的亲密感。

213　我是家务小帮手

我帮妈妈做了 _____

_____

我的心情是 _____

妈妈对我说了 _____

_____

责任感

帮妈妈做一项力所能及的家务，做完之后你有什么感受？妈妈对你说了什么？把它们写下来。

家长日课

孩子要树立家庭责任意识,这样才能在以后的生活中有意愿、有能力承担家庭责任。在日常生活中,引导孩子做一些力所能及的家务,既能培养孩子的家庭责任感,同时又让孩子感觉到自己是家庭的一分子,获得家庭归属感。

214 我是家庭小主人

第___次家庭会议　日期___

家庭会议的结果：_____

_____

我的感受：_____

_____

_____

请你组织并主持一次家庭会议，跟爸爸妈妈一起商量出一条家庭原则，目的是为了让家庭更和睦幸福。

家长日课

让孩子积极参与家庭文化的建设和家庭决策,是培养孩子家庭责任感的重要方面。这个活动可以让孩子参与家庭的成长,切身感受到自己在家庭中的权利和义务,树立家庭主人翁意识,发展家庭责任感。

215 提个小建议

建议人:＿＿＿＿＿＿

我的建议是:＿＿＿＿＿＿

＿＿＿＿＿＿＿＿＿＿＿＿

我的理由是:＿＿＿＿＿＿

＿＿＿＿＿＿＿＿＿＿＿＿

如果校长向同学们征集改进建议,以便给同学们提供一个更好的成长和学习环境,你觉得学校在哪个方面可以提升呢?把你的建议和理由写下来吧。

家长日课

学校是孩子走出家庭、步入社会的桥梁,对孩子来说,学校也是孩子获得社会性发展的重要场所。这个活动让孩子在自己的能力和认知范围内,参与学校的管理,体验到自己可以在家庭之外的地方发挥责任感,进一步培养责任意识和能力。

216 垃圾分类，从我做起

香蕉皮　快递盒子　饮料瓶　剩饭
用过的猫砂　中药渣　废电池　厕纸
　方便面袋　过期的化妆品

可回收垃圾	＿＿＿＿垃圾
＿＿＿＿垃圾	＿＿＿＿垃圾

1. 你会垃圾分类吗？把图中的生活垃圾填写到对应的类别里，分不清楚的可以跟爸爸妈妈讨论。
2. 在家庭中，养成垃圾分类的习惯，把家庭生活垃圾分类处理，再投放到小区相应的垃圾桶里。

家长日课

每个人都需要融入社会,并且依赖于自己所处的社会生存。从小培养孩子的社会责任感,有利于孩子更好地融入社会,共同维护自己所处的环境。这个活动从生活中的小事入手,激发孩子的社会责任意识,培养社会责任感。

217 情绪许可牌

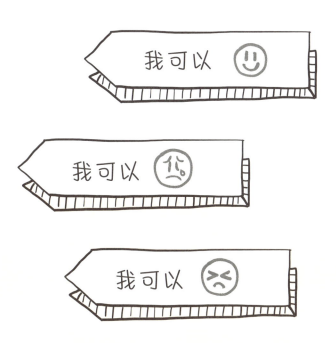

1. 参考图中的样子,或者按你喜欢的样子设计一套情绪许可牌。在每个牌子上写上"可以",再分别画上你可能会有的情绪表情。
2. 当你处在某一种情绪中时,记得拿出情绪许可牌,告诉自己,"我可以开心,也可以难过,任何一种情绪都是被允许的,情绪没有错"。

家长日课

乐观精神并不要求孩子永远处在平静或积极的情绪中,事实上,乐观精神的前提和基础是拥有足够的心理弹性。也就是说,一个孩子能够拥有与所处情境相符的情绪,遇到开心的事情就感到开心,发生难过的事情就感到难过、悲伤。心理弹性有利于孩子充分体验情绪,增强心理韧性,更容易走出情绪的低谷,是拥有乐观积极的人生态度的第一步。

218　我的心情转换密码

> 把坏心情写在纸上，
> 团成团，丢出去。

乐观精神

回想一下，你有没有一些调节情绪、转换心情的成功经验和小技巧？总结一下，写在图中的空白处吧。

家长日课

学会调节情绪是培养乐观精神的必要步骤，能够帮助孩子增强情绪的适应性。在充分接纳和体验情绪的基础上，孩子之前被情绪占据的心理能量将会得到释放，用于调节情绪、探索洞察、寻求改变等心理活动。每个孩子的特点不同，调节情绪的方法也因人而异，重要的是，家长能够引导孩子从过去的成功经验中找到适合自己的方法，并且从成功经验中汲取信心。

219 我在注意什么？

我的注意力都在关注

1) _____

2) _____

3) _____

1. 回忆一件糟糕的事情，把你的注意力放在这件事情上。
2. 观察一下，三分钟之内，你的注意力还在关注其他哪些事物？记录下来。
3. 体会一下，当你关注其他事物时，那件糟糕的事情是不是也没有那么严重了？

家长日课

有意识地调节自己的注意力,是帮助孩子拥有乐观心理基础的方式之一。面对难以应对的情绪事件,引导孩子学会暂时将它打包悬置,把注意力投注到其他的事物上,可以帮助孩子减轻心理负担,腾出空间来恢复心理能量。这样做孩子将会以更好的状态重新出发,面对曾经感到困难的事件,也会更有办法、更充分地调动自身的资源。

220 真有那么糟糕吗?

事件:＿＿＿＿＿＿＿＿＿＿＿＿＿＿＿＿

困难因素:＿＿＿＿＿＿＿＿＿＿＿＿＿＿

＿＿＿＿＿＿＿＿＿＿＿＿＿＿＿＿＿＿＿

有利因素:＿＿＿＿＿＿＿＿＿＿＿＿＿＿

＿＿＿＿＿＿＿＿＿＿＿＿＿＿＿＿＿＿＿

乐观精神

1. 请爸爸妈妈讲讲他们小时候的故事,问问他们有没有曾经对某件事感到特别没有希望,但最终发现事情并没有那么糟糕。
2. 根据哪些信息能够预判事情并没有那么糟糕?和爸爸妈妈一起讨论一下。

家长日课

通过理性思考,客观分析外部条件,能够帮助孩子比较准确地判断事物的发展趋势,理性、积极地看待外部情况,有助于培养孩子的乐观精神。家长可以和孩子一起判断外部条件的利弊,如果事情复杂,还可以分析各个条件的主次关系,判断其中的轻重缓急。

221 最差又能怎样?

最近我在担心：_____

_____

最好的可能性：_____

_____

_____

最差的可能性：_____

_____

乐观精神

1. 最近哪件事让你感到有些担心？和爸爸妈妈一起分析一下，这件事发展的最好的可能性是什么？最差的情况是什么样？
2. 对于最差的情况，可能性有多大？你有办法应对吗？

家长日课

预判结果，评估最差的可能性，针对最差的可能性做好心理准备，是增强乐观精神的思考方式之一。在这个练习中，家长引导孩子列举出各种可能的结果，针对最差的结果评估可能性，并且预先梳理应对方式。这样的理性分析会让孩子对最差结果有更准确的认识，建立更加积极乐观的态度。

222　我有哪些资源？

支持我的人：_____

支持我的事：_____

支持我的物件：_____

乐观精神

你知道愚公移山的故事吗？如果让你来帮助愚公移动大山，你觉得哪些人、事、物能够帮助你？请在空白处列出五个。

家长日课

解决困难问题时，搜寻、发现支持性资源，是可以让孩子从悲观无助转向积极乐观的思考方式之一。在日常生活中，父母可以时常鼓励并引导孩子，面对困难时主动思考、寻找支持性的资源，尤其是容易被忽视的资源，帮助孩子习得积极的思考方式，逐渐树立乐观的信念。

223　现在和以后

 现在我还不能做到 _____ _____ 但是我相信，以后我可能会做到。

 现在我还不能做到 _____ _____ 但是我相信，以后我可能会做到。

 现在我还不能做到 _____ _____ 但是我相信，以后我可能会做到。

你和爸爸妈妈的生活中有没有符合下面这些话的情景，请你们各自填空。

家长日课

乐观精神并不要求孩子总是相信自己能够做到各种各样的事情,而是需要帮助孩子发展出真正有适应性的自我评价:孩子既能够在整体上相信、认可自己的能力,又能够接受自己现阶段的能力不足,也能看到自己在未来可能的成长。这样积极、客观、接纳的自我评价,会给孩子注入充沛的能量,支持孩子更加从容地面对挑战。

224 我的重要作用

我在过去克服的三个困难：

1) _____

2) _____

3) _____

我在其中发挥的重要作用是：

_____

_____

_____

乐观精神

1. 请列出你克服过的三个困难。
2. 想一想，你自己在其中发挥的重要作用是什么？把它们也记录下来，这些都是你的重要财富！

家长日课

培养乐观精神的核心在于让孩子相信自己、重视自己,这样才能让他看到自身所具备的丰富资源。在练习中,总结自己克服困难的成功经验,能够让孩子重新回顾自己曾经发挥过的重要作用,意识到自己才是最富足、最重要的资源。当孩子面对困境时,被强化过的信念会发挥作用,帮助他有信心克服困难,积极乐观地迎接挑战。

225 我能学会！

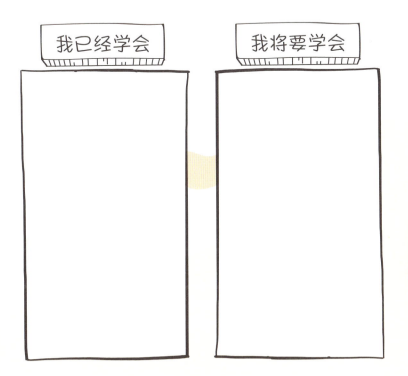

1. 你知道固定型思维和成长型思维吗？固定型思维认为，人的能力是固定的，而成长型思维认为，能力是可以通过学习来培养的。
2. 想一想，从小婴儿成长到现在，你已经学会了哪些本领？还有哪些本领是你将要学会的呢？

家长日课

对孩子来说，他们天生就具有成长型思维。从婴儿时期开始，不管是咿呀学语，还是蹒跚学步，他们都会专注于学习和成长。但随着年龄的增长，孩子会把一些外部评价内化，害怕自己不够聪明，变得害怕挑战，于是固定型思维也就相伴而生。通过讨论和思考，我们可以把成长型思维的信念传递给孩子，让孩子相信"我能学会"。

226 神奇的人脑

小脑		运动
前额皮质		产生情绪和感觉
杏仁核		做艰难决定
海马体		无意识反应
脑干		记忆

成长型思维

1. 图中左侧列出的是人脑的主要组成部分,右侧是不同部分的主要作用,请你和爸爸妈妈一起用线把人脑的组成部分和对应的作用连接起来吧。
2. 当你学习新东西时,就会在大脑中开辟一条新道路,这就是大脑的可塑性。回顾你最近学习的新东西,想想它们是如何让你的大脑越来越强大的。

家长日课

最新的神经科学研究表明，在我们的一生中，大脑都具有改变自己的能力，这就是大脑的可塑性。通过帮助孩子理解大脑是如何运作的，理解学习和大脑的关系，父母可以让孩子意识到，正如肌肉通过锻炼会变得强健一样，通过努力和练习，我们的大脑也会变得更加强大。

227 你是怎么做到的？

我很喜欢你作品中的 _____

_____

_____ 方面,你在这方面很努力。

我觉得你在 _____

_____ 方面还能提高。

成长型思维

你和爸爸妈妈每个人画一幅画，画完之后，请有意识地运用下面的句式进行互评，然后分享一下彼此的感受和启发。你觉得哪些反馈让你更有收获呢？

第四部分　品格养成

家长日课

运用有效的反馈,能让孩子思考自己做事的方式,以及怎样才能做得更好,强化孩子的成长型思维。父母在夸奖孩子的时候,要尽量具体,真实、客观地夸奖孩子努力的过程,跟孩子探讨可以提升的地方,从而帮助孩子看到努力的价值,不断获得成长。

228 建立学习型目标

目标	表现型	学习型
我要在画画比赛中获得一等奖。		
我要学会在画画中运用不同的颜色。		

1. 目标一般分为两类:表现型目标和学习型目标。表现型目标是为了证明和展示什么,而学习型目标是为了学会和掌握什么。判断一下表格中的两个目标分别是什么目标。
2. 你在生活中制定过哪些目标呢?把它们分别归入这两类目标。

家长日课

表现型目标会让孩子更关注如何完成某项任务，以证明自己的能力；而学习型目标能引导孩子把注意力放在如何真正地掌握所学内容上。表现型目标能帮助孩子实现短期的成就，而学习型目标则有助于孩子长期的成长与成功。父母需要帮助孩子设定更多的学习型目标，促进孩子专注于学习的内容，让孩子真正享受学习和成长的乐趣。

229 我的思维自画像

每个人都有适合自己的学习策略和方法。作为一个学习者,你有哪些特点呢?有哪些策略和方法能帮助你取得更好的学习效果呢?请画一幅思维自画像。

家长日课

要培养孩子的成长型思维,可以有意识地发展和训练孩子的元认知思维习惯,也就是帮助孩子去思考自己的思维过程,主动地去计划、监控和调节自己的认知过程。父母可以帮助孩子了解自己的学习特点,思考适合自己的学习策略和方法,并不断改进和调整,促进孩子元认知思维习惯的发展。

230 反驳我的固定型思维

固定型思维的声音	成长型思维的声音
示例： 我永远学不会数学。	通过努力并掌握方法，我是可以学会数学的。
我永远不会像小鹏那样擅长滑板。	
只做容易的题会显得我很聪明。	
我怎么也记不住英语单词。	

当固定型思维的内心声音冒出来时，我们可以给它起个名字，比如叫它"咕咕"，然后用成长型思维的内心声音来反驳它。你可以试试来反驳下面的这些声音。

家长日课

心理学研究发现，内心的声音会影响一个人的成功与失败。如果固定型思维的声音在脑海中冒出来，就会阻碍孩子的成长。通过跟孩子一起觉察和讨论他内心的声音，并引导孩子和它进行自我对话，用成长型思维代替固定型思维，能促进孩子勇于尝试，不断成长。

231　我的学习计划

技能	示例：学会游泳	
资源	教练、游泳池	
行动	每天练习1小时	
障碍	没有足够的时间	
方法	做时间表	
成长	学会了蛙泳	

1. 选择你想学习的一个新技能，制订一份成长型思维学习计划，把它填写在表格中。
2. 你也可以根据实际情况考虑更多的计划细节，扩充这个表格。

家长日课

制订具体的学习计划有助于孩子保持高效的行动力,促进孩子在生活中运用成长型思维,获得长足的发展和成长。在制订计划时,父母可以跟孩子一起设想和讨论具体的细节,包括要采取的行动、可能遇到的困难以及应对的方法等,让孩子对学习过程有足够的心理准备,从而增强执行计划的主动性,成为真正的成长型思维的践行者。

第五部分

社会性发展

232 我先听听看

不想听的程度

你有没有不想听别人说话的时候？试着给自己不想听的程度按从低到高1~5分打个分。如果打1~3分，可以试着告诉自己"我先听听看"。如果打4~5分那么高，不妨做三组深呼吸，让自己平静下来。如果还是没有改善，你可能需要向爸爸妈妈寻求支持，告诉他们你真实的感受，你遇到了什么困难。

家长日课

有时孩子并不是不具备倾听的能力,而是需要建立倾听的意愿。建立倾听意愿是有效倾听的前提。当孩子在倾听之前或者倾听的过程中已经有反感、抗拒的感受时,这个练习可以帮助孩子注意到自己的感受,接受自己真实的感受,并主动调整自己的倾听意愿。

233 设计倾听开场白

爸爸妈妈先说 <u>我有话要对你讲。</u>

然后我说 <u>我准备好听你说话啦。</u>

爸爸妈妈先说 _____

然后我说 _____

像图中示例那样,和爸爸妈妈一起设计一套属于你家的独特的倾听开场白。当爸爸妈妈想要和你说重要的事情时,先说出这套开场白,然后,才说正式的内容。

家长日课

当倾听效果不理想时,原因之一可能是孩子没注意听,没听到。倾听注意力是保证倾听效果的能力之一。家长需要在日常生活中帮助孩子练习,让孩子在倾听开始前有意识地提醒自己集中注意力,认真专注地倾听。设计倾听开场白,也会让孩子更愿意履行自己参与制定的家庭倾听规则。

234 我该怎样听?

> 妈妈和多多一起规划日程,妈妈对多多说:"我们下午需要一起去超市买菜,大概需要30分钟,你还需要在户外玩1个小时,然后我们回家准备晚饭需要45分钟,晚饭是6点钟开始,我们得计算一下最晚几点钟出门。"

请爸爸妈妈给你读一读图中的语句。爸爸妈妈每读一句,你就用自己的话复述一句。全部读完之后,你来总结一下主要内容。

倾听与表达

家长日课

确保倾听效果,提升倾听能力,孩子还需要学会如何理解倾听到的内容。这个活动帮助孩子在日常生活中从一句话开始练习倾听理解力,听完一句话之后,有意识地对听到的内容进行加工,以获得完整、准确的信息。

235 我听到你在说

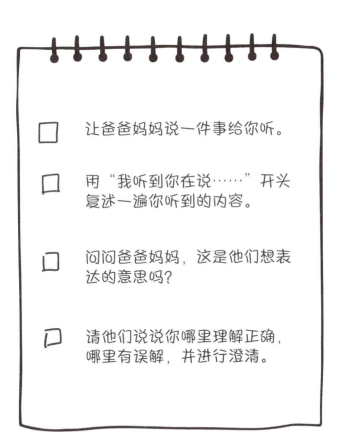

- ☐ 让爸爸妈妈说一件事给你听。
- ☐ 用"我听到你在说……"开头复述一遍你听到的内容。
- ☐ 问问爸爸妈妈,这是他们想表达的意思吗?
- ☐ 请他们说说你哪里理解正确,哪里有误解,并进行澄清。

根据图中提示,和爸爸妈妈一起进行倾听练习。

家长日课

倾听反馈是在倾听之后向讲话人反馈听到的内容,通过对方的确认或修正,完成准确有效的双向沟通。经常练习这个活动会帮助孩子养成及时反馈的习惯,并注意对方基于反馈再次给出的信息,校准自己对倾听内容的理解。养成倾听后及时反馈的习惯,可以帮助孩子更高效地沟通,还会为他今后的学习生活、社交发展、团队协作等方面奠定扎实的基础。

236　别人可能不知道

我和 _____ 之间的默契语言是

_____

其他人听不懂,是因为他们不知道

_____

_____

1. 回想一些只有你和好朋友两个人懂的默契语言,写下来。
2. 如果换一个朋友,你认为他还能听懂同样的语言吗?他听不懂的原因是什么?

家长日课

导致沟通出现误解的原因之一是,表达者没有注意到自己知道的内容对方并不清楚。因此,在表达之前,表达方首先需要清晰地知道与对方存在哪些共识。孩子需要先想一想自己默认的前提别人是否知道。如果不知道,就需要先把这个内容表达清楚。

237 做到完整和准确

假如由你来负责通知全班同学,为下周三去动物园做好准备,在通知里你想要表达哪些内容?请在图中空白圆圈中画出来,并在圆圈下方写上关键词。

家长日课

要想提升孩子的表达能力,家长需要引导孩子有意识地进行练习,确保表达的内容完整,准确,不存在误解。这个活动可以培养孩子高效表达的思维方式,为孩子在今后学习和工作中的良好沟通打下基础。

238　考虑对方的感受

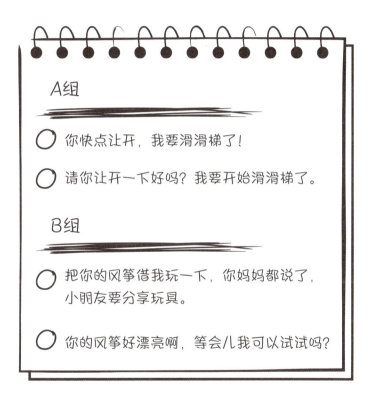

A组

○ 你快点让开,我要滑滑梯了!

○ 请你让开一下好吗?我要开始滑滑梯了。

B组

○ 把你的风筝借我玩一下,你妈妈都说了,小朋友要分享玩具。

○ 你的风筝好漂亮啊,等会儿我可以试试吗?

倾听与表达

1. 图中两组对话分别使用了不同的表达方式,你喜欢哪种?在前面打钩。
2. 想一想,听到的人分别会有什么样的感受?

家长日课

表达不是单向的命令和要求,而是双向信息的传递。这就需要孩子在表达时考虑到对方的感受,注意到自己的表达方式对对方产生的影响,进而优化表达过程中的语气、用词、先后顺序,等等。

239 "听不懂"报警器

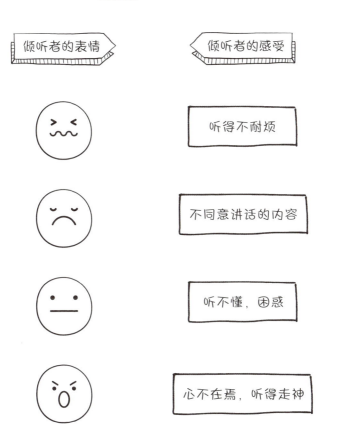

当你在和别人讲话时,要注意对方的表情。和爸爸妈妈一起猜一猜,下图中每个表情对应着倾听者怎样的内心感受,并完成连线。

家长日课

在进行表达的同时,孩子需要确定别人能够听到、听懂,关注表达的效果。孩子可以通过留意观察倾听者的表情来判断对方接收信息的情况,及时与对方确认沟通效果,调整表达方式。

240 探索背后的需求

场景-1

A说:"今天我跟姐姐一起玩轮滑,她就是不让我得第一,气死我了!"

B说:"一个游戏有什么好争的,别理她。"

场景-2

A说:"今天我跟姐姐一起玩轮滑,她就是不让我得第一,气死我了!"

B说:"对你来说,得第一好像真的很重要?"

1. 图中有两个对话场景,和爸爸妈妈一起扮演出来吧。
2. 和爸爸妈妈一起讨论:你更喜欢哪一组对话场景?原因是什么?

家长日课

在沟通中,从表面的话语触及表达者内心的需要,能够让倾听与表达更加深入,在人与人之间建立更加深厚的联结,是孩子、家长都可以尝试练习的高阶沟通技巧。在家庭场景中经常做这样的练习,有助于增进亲子关系,重新塑造亲子互动的方式,为孩子和父母带来正向的情感经验。

241　看表情，猜心情

1. 图中画了几个表情，你知道它们分别代表什么心情吗？写在表情旁边的空格里。
2. 跟爸爸妈妈玩互猜心情的游戏：大家分别做出一个表情，让其他人来猜这个表情代表什么情绪。

家长日课

培养同理心的基础,是能够敏锐地觉察到他人正在经历什么情绪。这个活动让孩子学会通过观察他人表情等非语言信息,来判断他人的情绪,为同理心的发展打下基础。

242 我懂你的需要

"我真是太累了!" 我感觉你需要休息一下。

"运动会取消了,我真是太难过了。"
你是不是希望 _____

"看他们一起玩球玩得好开心呀!"
你是不是也想 _____

同理心

图中是几个小朋友的话,你能根据示例,写出他们话语背后的内心需要吗?

家长日课

富有同理心的人,能够通过别人的言行,觉察到他们内心的需要和愿望,从而做出共情性的回应。在这个活动中,父母可以有意识地启发和引导孩子关注别人的需要,提升对他人的理解能力。

243 真假谎言

> 让爸爸或妈妈说一个关于自己的经历：
> _____
>
> 对这段经历提三个相关问题：
>
> 1) _____
> 2) _____
> 3) _____

1. 跟爸爸妈妈一起玩下面的游戏：

   让爸爸/妈妈说一个关于自己的经历（只有自己知道），这个经历可以是真的，也可以是假的；你可以提三个相关问题，爸爸/妈妈如实回答；然后，你可以根据爸爸/妈妈的回答判断这个经历是不是真的。

   比如，妈妈说"我曾经在公交车上抓过小偷。"你可以问："当时坐公交干吗去？""你是怎么发现小偷的？""当时你心情如何？"。

2. 可以多玩几轮，让每个人都有机会说一次"真假谎言"。

同理心

第五部分 社会性发展

家长日课

在这个活动中,孩子需要把自己当成对方,设想当时的情境以及可能的情绪状态和行为反应等,并依此推断出对方的观点和语言是否可信,最后给出自己的判断。这个过程培养了孩子换位思考的能力,发展了同理心。

244 体验对方的感受

（孩子扮演妈妈）

开饭啦,把动画片关了过来吃饭喽!

（妈妈扮演孩子）

不,我就要继续看,我最爱看动画片!

1. 跟妈妈一起玩图中的角色扮演游戏,孩子扮演妈妈,妈妈扮演孩子。
2. 变换后角色的双方有什么想法和感受呢?和妈妈一起交流一下。

家长日课

角色扮演是培养孩子换位思考能力的重要方法。在角色扮演中,我们能够自然地、真实地体验到自己所扮演角色的感受,从而理解这个角色的言行,增强对他人的同理心。同时,这个活动还能帮助家长和孩子增进理解,培养更加和谐亲密的亲子关系。

245 我希望你这样对我

当我害怕当众唱歌跳舞时,我希望

_____

当我不小心打翻了盘子,内心感到

内疚时,我希望 _____

_____

同理心

1. 在图中的情境中,你希望别人怎么对你,请写下来。
2. 想一想其他小朋友在这种情况下,是不是也希望被这样对待,跟爸爸妈妈聊一聊。

家长日课

"己所不欲,勿施于人。"孩子只有能理解自己的需要,而且被恰当地对待过,才能学会换位思考,知道在类似的情境中,其他人也有同样的需要,从而能真正理解别人,恰当地对待别人。这个活动让父母和孩子一起反思自己真正的需要,推己及人。

246 安慰哭泣的朋友

1. 假如你好朋友养的宠物狗因病去世了,他非常难过,你觉得怎么安慰他能让他感觉好点呢?
2. 你自己非常难过的时候,你希望别人怎么安慰你?你可以用同样的方法安慰你的朋友。

家长日课

真正有同理心的安慰,不是否认他人的情绪和感受,让别人迅速从某种情绪中走出来,而是真正体验到这种情绪是合理的,是可以理解的,这才是真正关心别人感受,也只有这样,我们才能提供有效的安慰。让孩子首先设想自己的经验,用自己希望被对待的方式来对待别人,这才是富有同理心的安慰。

247 我能提供帮助

我可以这样关爱、帮助爸爸妈妈:

1) _____

2) _____

3) _____

1. 回忆一件爸爸妈妈帮助你的事情。当时你遇到了什么困难?爸爸妈妈是如何帮助你的?你有什么感受?跟爸爸妈妈说一说。
2. 假如爸爸或者妈妈感冒了,特别难受,想一想如何帮助、关爱他们,写出三点你想做的事。

同理心

家长日课

具有同理心的孩子,会在真正体验到他人感受的基础上,受内心情感驱动做出关爱行动。我们要做的是协助孩子恰当地表达爱心,教孩子一些关心、帮助他人的技能。然而,学习关爱技能不是进行简单的行为训练,而是孩子根据自己被关爱的经验,去做出关爱行动。父母要从自身做起,因为父母的关爱行为是孩子学习的榜样。

248　我愿意参与

需要两人（或以上）合作完成的活动：
_____

我愿意参加这些活动，因为：_____
_____

我在活动中的感受：_____
_____

合作能力

1. 回想一下，哪些你自愿参加过的活动至少需要两个人合作才能完成的？
2. 跟爸爸妈妈说一说你当时为什么愿意参加这些活动？你在活动中有什么感受？

家长日课

要培养孩子的合作能力,首先要激发孩子主动合作的意愿。通过让孩子回顾和思考自己参与合作活动的目的和动机,以及他在合作中感受到的积极体验,帮助孩子理解为什么要合作,认识到合作的重要性。

249 大家需要我

在搭建中,我做的工作是:＿＿＿＿＿＿

＿＿＿＿＿＿＿＿＿＿＿＿＿＿＿＿＿＿

爸爸妈妈做的工作是:＿＿＿＿＿＿＿

＿＿＿＿＿＿＿＿＿＿＿＿＿＿＿＿＿＿

合作能力

1. 利用家里的废旧物品,和爸爸妈妈一起搭建一个玩具小屋吧。
2. 在搭建的过程中,你和爸爸妈妈各自做了哪些工作?一起聊一聊每个人工作的重要性。

家长日课

当一个人能明确地感知到自己在团队中的价值，清晰地认识到自己对团队的贡献和作用，就会更愿意主动去参与团队工作，积极地在合作中发挥自己的力量。父母可以在日常生活中发现和创造需要共同完成的任务，鼓励孩子在自己力所能及的范围内参与进来，体验自己在团队工作中的重要性，逐渐帮助孩子增强主动合作的意愿。

250 穿越A4纸

穿越A4纸

1. 准备一张A4纸。

2. 让全家人都从A4纸的中间钻过去。

3. 不能将纸撕成两半。

准备一张A4纸,全家人一起想办法,最后让每个人都能从A4纸的中间钻过去。

家长日课

团队合作往往能产生"1+1>2"的效果,也就是说,当团队中每个人都充分运用自己的知识、经验和能力,所有人通力协作,通常能完成个人难以完成的更有挑战的任务,取得更大的成就。通过这个活动,父母可以引导孩子认识到群策群力、团队合作的好处,认识到"一起做,更厉害"。

251　我能做什么？

```
我拥有的知识：_____

_____

_____


我具有的经验：_____

_____

_____


我具备的能力：_____

_____

_____
```

1. 仔细想一想，你拥有哪些领域的知识？具有哪些方面的经验？具备什么样的能力呢？
2. 回想你之前参与过的一个合作任务，在其中你运用了哪些知识、经验或者能力呢？

合作能力

第五部分　社会性发展

家长日课

要成为团队重要的贡献者,孩子需要有清晰的自我认知,并相信自己的知识、经验和能力对团队是有价值的。通过这个活动,父母可以让孩子更好地认识自己,促使孩子意识到自己对团队的贡献,并提升孩子在合作中的自信。

252 我们不一样

我们不一样

我的好朋友是：＿＿＿＿＿＿

他（她）的性格：＿＿＿＿＿＿

他（她）的能力：＿＿＿＿＿＿

在活动中，我发挥的作用：＿＿＿＿＿＿

＿＿＿＿＿＿＿＿＿＿＿＿＿＿

他（她）发挥的作用：＿＿＿＿＿＿

＿＿＿＿＿＿＿＿＿＿＿＿＿＿

合作能力

1. 请说出你和一个好朋友有什么不一样的地方。比如，有什么样的性格？具备哪些能力？
2. 回想你和这个好朋友合作过的一个活动，你们各自在活动中发挥了怎样不同的作用？

第五部分　社会性发展

家长日课

在团队合作中,成员之间的差异往往会丰富团队的多样性,不同个性和能力的成员在合作中充分发挥各自的优势,会让合作更富有成效。通过活动,父母可以引导孩子理解人与人之间的差异,并认识到差异化对于合作的重要性。

253 我很欣赏你

> 我最近跟小朋友的一次合作活动,总共_____个人参与;在活动中,我欣赏的几个小朋友是_____
>
> 为什么?_____

合作能力

1. 回想你最近跟小朋友的一次合作活动,总共几个人参与?
2. 在活动中,你欣赏哪(几)个小朋友?为什么?

家长日课

好的团队合作，需要团队成员之间彼此尊重，彼此欣赏，各自发挥自己的优势和能力，并彼此提供支持。通过这个活动，父母可以引导孩子有意识地发现他人的优点，看到他人在合作中的贡献，并学会欣赏他人，促进孩子的团队合作精神。

254　如果我不相信你

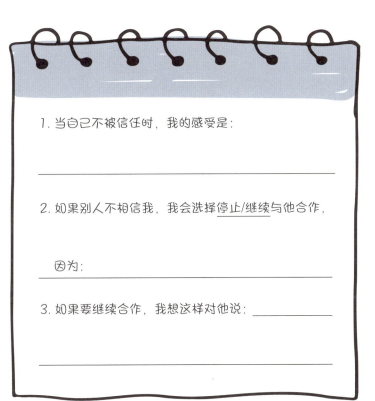

1. 当自己不被信任时，我的感受是：

   _____

2. 如果别人不相信我，我会选择停止/继续与他合作，

   因为：_____

3. 如果要继续合作，我想这样对他说：_____

合作能力

1. 在与人合作时，有没有哪个时刻让你觉得自己不被信任？说说你的感受。
2. 如果别人不相信你，你还愿意跟他一起合作吗？为什么？
3. 如果要合作的话，你会如何跟他沟通呢？

家长日课

互相信任是合作的基础,也是合作成功的关键因素之一。通过这个活动,父母可以让孩子意识到合作中信任的重要性,并在面临信任问题时,学会积极地沟通,强化彼此之间的信任,更好地参与合作并在合作中发挥作用。

255 如果我不同意你

1. 在与别人合作时，你是否遇到过意见不一致的情况呢？
2. 你当时有什么感受？你们当时是如何处理的？和爸爸妈妈一起讨论一下。

家长日课

当冲突发生时,如何正确地面对和解决,常常关系到合作的顺利与否。通过这个活动,父母可以帮助孩子更好地理解合作中的冲突,引导孩子关注冲突中的感受,学会恰当地处理冲突,促进合作的成功。

256 冲突带来成长

在你读过的书籍、看过的影片中,有没有某个角色和别人发生冲突,最终从冲突中获得成长的情节呢?

你认为这个角色在冲突中获得了哪些成长呢?

解决冲突

回答图中的两个问题,然后和爸爸妈妈讨论一下你的感想。

家长日课

培养孩子解决人际冲突的能力,首先要帮助孩子敢于面对冲突,认识到人际关系不可能总是一帆风顺,重要的是,看到冲突中蕴藏着成长的机会。爸爸妈妈也可以分享自己的童年经验,这会帮助孩子卸下防备,试着探索冲突中有价值的收获。

257 冲突中的感受

事件A：
说好了轮流玩滑梯，可轮到我时，几个身体强壮的大孩子多次强行插队，完全不听我的提醒，不允许我玩。

我的感受 _____

事件B：
我最好的朋友很喜欢班里新来的同学，对我有些疏远、冷落，而且我发现她把我送给她的铅笔给了新同学。

我的感受 _____

事件C：
当我们班输掉与隔壁班的拔河比赛时，有两三个同学指责我没有用尽全力，让班级输掉了比赛。

我的感受 _____

解决冲突

假设你分别经历了图中三个冲突事件，在每个事件中，你的情绪感受分别是什么？请写下来。

家长日课

当处于冲突事件中时,孩子很容易被冲突激发出各种强烈的情绪。这时,帮助孩子的有效方法是,引导他看到自己的情绪,允许自己有这样的情绪,引导孩子用语言表达情绪,接住孩子的情绪的容器,这样才能让孩子情绪的能量逐渐流动、减弱,腾出心理空间投入理智的思考。

258 我需要的是什么？

回想一件冲突事件：

_____

在冲突中，我的 _____

_____

_____ 需求没被满足

其中 _____ 需求最重要。

解决冲突

1. 回想一个冲突事件，看看当时自己哪些需求没被满足？
2. 其中哪个需求最重要？

家长日课

引导孩子探索自己在冲突事件中的需求,既能够帮助孩子理解自己的内心世界,培养健康的心理状态,又能够有针对性地启发孩子找到解决冲突的方向。需要注意的是,不同孩子在同样的冲突事件中内心的需求有可能是不同的,家长要尊重孩子的内心,听听孩子真实的声音。

259　我的自我边界

1. 你注意到了吗？发生冲突后，即使你想要和对方和解，有一些事情你依然会坚持、不让步。比如，"我的物品归属于我，我有权不分享"。
2. 在解决冲突时，你还有哪些明确、稳定的自我边界是需要维护的？试着和爸爸妈妈一起讨论、思考。

家长日课

与冲突中的对方产生联结,是解决冲突的一项重要能力,也是关键步骤。但与对方联结的基础并不是无条件地退让、讨好,而是自己有明确清晰的边界。边界清晰的孩子,不仅能够保护自己,往往对他人边界的感知也更轻松、准确。

260 理解是开始

在动画片《冰雪奇缘Ⅰ》的开头,艾莎不愿意和安娜一起玩。艾莎是在故意惹安娜生气吗?

我认为:_____

试着说一说,艾莎正在经历什么,她为什么选择不和安娜一起玩?

_____

_____

你看过动画片《冰雪奇缘》吗?请试着回答图中的问题。

第五部分 社会性发展

家长日课

通过换位思考理解对方的处境,是解决冲突的开始。这个练习通过分析电影角色的行为与情绪感受,理解冲突中对方的处境,在此基础上,才有可能找到一个适用于双方的解决方案。

261 我真正想表达的是……

有没有在哪次冲突中做出了明显的身体动作？比如很生气地推了别人。

_____

当时想用身体动作表达什么？
现在，能不能换成语言表达出来？

_____

有没有在哪次冲突中说过一些冲动的话？

_____

当时真正想表达的意思是什么？
现在能不能试着用准确的语言重新表达？

_____

请试着回答图中的问题。

家长日课

冲突的解决依赖于有效的沟通。在日常生活，家长需要引导孩子，如何用语言而不是用身体动作来表达自己的想法，如何用准确的语言代替冲动、情绪化的语言来进行沟通。

活动提示

孩子的语言表达能力是在不断发展、提升的。父母需要多一些体谅和耐心，用成长型心态看待孩子暂时呈现出来的问题，常常提醒自己，不要一味对孩子的现状表示不满与指责。

262　协商引导员

1. 请和爸爸或妈妈一起说一说，双方最近有什么意见不合的事情。从其中挑选一件很想解决的事情来协商。

2. 请分别说一说，自己能接受什么、不能接受什么。

3. 根据对方的底线，各自能够对哪些部分做出让步、哪些部分必须坚持？是否有可能形成双方都能接受的解决方案？

根据图中提示，练习如何协商。

家长日课

协商是双方就彼此能接受的状况进行反复沟通,寻求共识的过程。在协商的过程中,孩子需要不断地探索自己和对方能接受什么、不能接受什么。每一轮沟通,孩子都会了解到关于对方接受度的更多信息,在此基础上调整自己的方案,最终达成双方都能接受的解决方案。

263 充分理解假设方案:假如是这样

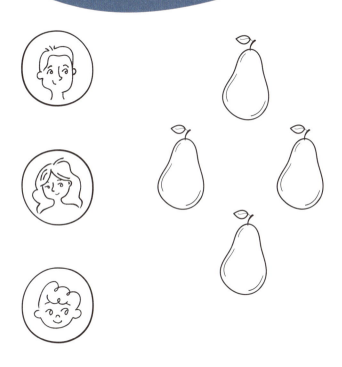

1. 3个人分4个梨,谁都不想少分,争得面红耳赤。最后,他们同意三人排队轮流领取,提出AB两套领取方案。方案A:每人每次分到一个梨,循环分发,分完为止;方案B:每人每次分两个,分完为止。
2. 如果你是其中的一个人,你觉得方案A和方案B分别会让你分到几个梨?和爸爸妈妈一起画画图,或者用实物演示一下。

家长日课

在解决冲突时,孩子会受到抽象思维未完全发展的限制,不容易理解抽象的假设方案。这时,可以让孩子把假设方案讲出来,表演出来,或者画下来,通过具象化的方式,帮助孩子感受、理解和思考假设方案会带来的变化,提高解决冲突的有效性。

264 由大变小

冲突情境：孙悟空被封为弼马温，他得知自己只是一个喂马的小官后，破坏蟠桃大会，大闹天宫。

冲突发生的原因：_____

_____

如何降低冲突层级：_____

_____

如何预防冲突发生：_____

_____

解决冲突

1. 观看动画片《大闹天宫》，想一想，孙悟空为什么要大闹天宫？
2. 如果你是孙悟空，怎样做才能把大闹天宫这样一个冲突"大事化小，小事化了"？和爸爸妈妈一起讨论，并把结果写下来。

第五部分 社会性发展

家长日课

孩子不仅需要学会如何解决冲突,更要学会如何降低冲突的层级,如何预防冲突的发生。家长可以引导孩子思考引发冲突的原因,重新审视触发原因的各个因素是否必要,通过降低甚至避免这些因素的方式,达到降低冲突层级,甚至预防冲突发生的效果。

265 成长中的变化

过去一年,我生活中的变化:

_____

接下来一年,我的生活可能发生的

变化:_____

_____

适应变化

1. 回忆一下,近一年来,你的生活发生了哪些变化,把它们写下来。
2. 预想一下,接下来一年,你的生活可能发生哪些变化,也把它们写下来。

第五部分 社会性发展

家长日课

成长伴随着变化,比如因为升学带来学习环境的变迁、人际关系的变化等。让孩子回忆并觉察到这些变化,并预测以后一段时间内可能发生的变化,帮助孩子理解变化的恒常性,也为迎接将来的变化提供心理预期,以更好地适应变化。

266 打破惯例：做出新尝试

你每天走哪条路线去学校或者幼儿园？假如明天此条路线行不通了，你能不能找出一条用时差不多的新路线？想一想，跟爸爸妈妈一起在地图上找一找。

家长日课

要想拥有对变化的适应性,就要意识到惯常的行为方式也有可能因为突发情况而行不通,从而敢于打破习惯,做出新尝试。这个活动启发孩子变化随时可能发生,培养孩子积极拥抱变化的开放心态。

267 为什么要持续学习?

为什么要学习?

爸爸在学习或者想学习:

_____

妈妈在学习或者想学习:

_____

采访完爸爸妈妈,我的收获是:

_____

1. 爸爸妈妈最近想学习什么新东西? 采访他们为什么要学习。
2. 你有什么收获,把它们写下来。

家长日课

人生中的任何阶段,都有可能面临新的变化和挑战,所以父母要以身作则,帮助孩子树立终身学习的心态,对新情况和新境遇,保持好奇和勇气。

268 接纳必然的变化

1. 你有没有经历过换学校、搬家或者好朋友转学等事情?当时你的生活发生了哪些变化?你的心情如何?你是如何适应这些变化的?也可以请爸爸妈妈讲讲他们经历的变化。
2. 今天回忆以前经历的变化,你有什么感想?把它们写下来。

家长日课

拥抱变化不仅仅指我们有勇气、有意愿采取各种方式去应对变化,还包括当事情确实无法改变时,我们拥有足够的心理韧性,去接纳、适应变化。通过倾听爸爸妈妈的故事以及回忆自己的经历,孩子会在潜移默化中提升心理韧性,学会接纳必然的变化。

269 我能适应新环境

我可以这样适应新环境：

_____

_____

_____

适应变化

1. 假如你要去参加一个夏令营，你会如何向老师和同学们介绍自己呢？跟爸爸妈妈说一说。
2. 想一想，你可以通过哪些方式，尽快融入这个新的小集体、适应新环境呢？把它们写出来。

家长日课

陌生的环境是每个孩子成长过程中都会经历的变化。从容面对陌生环境、融入新集体，是每个孩子必备的能力，也是孩子有能力应对变化的体现。这个活动引导孩子思考，如何在陌生的环境中从容不迫，同时融入新环境，提升应对变化的能力。

270 爸爸妈妈的多种角色

爸爸的多种角色

_____

_____

妈妈的多种角色

_____

_____

1. 做个小调查,看看爸爸妈妈有多少种社会角色,尽可能多地写下来。
2. 每一种角色对应的职责都是什么呢?跟爸爸妈妈聊一聊。

家长日课

每个人都有多种社会角色,承担多种职责,这就需要我们有能力适应不同的角色,在不同任务之间灵活切换,这也是适应变化的能力之一。对于孩子来讲,首先要意识到自己拥有多种角色,每种角色有不同的任务,这就为孩子将来理解并适应多种角色打下基础。

271 把担心写出来

最近我觉得有点担心或者焦虑的事:

_____

_____

我真正担心的是:

_____

_____

如果真的发生了我担心的事情,我这样应对:

_____

_____

适应变化

1. 最近有没有什么事情让你觉得有点担心或者焦虑,把它写下来。
2. 想一想,你真正担心的是什么?把它写出来。
3. 如果真的发生了你担心的事情,你想如何应对?

家长日课

不确定性会给人带来焦虑和失控感。如何从容面对这种不确定性，是每个孩子都要发展的重要能力，也是一个孩子有能力适应变化的体现。这个活动帮助孩子看到并表达自己内心对不确定的担忧，释放焦虑情绪，并为不确定性做好准备。

272 长颈鹿的烦恼

小长颈鹿想吃大树高处的树叶,可是它没有那么高,够不到树叶,这时来了一头大象,于是长颈鹿向大象求助。接下来它们之间会发生什么故事呢?

寻求帮助

请你把图中的故事补充完整。

家长日课

每个人的能力都是有限的,不可能所有事都靠自己完成。对孩子来说,当生活中遇到困难的时候,懂得积极地寻求帮助非常重要。借助小动物的故事,我们可以让孩子意识到寻求帮助的重要性,建立和增强孩子的求助意识。

273 我会求助啦

我曾遇到困难但不敢求助的事件：

_____

原因是：_____

我当时的想法：_____

_____

后来我是这么处理困难的：_____

_____

你是否有过遇到困难但不敢求助的经历呢？请试着回答图中的问题。

寻求帮助

家长日课

孩子不敢求助往往是因为害怕别人的评价,比如怕别人说自己笨,或者因为曾经有过受挫经历而害怕再次失望,等等。通过这个活动,父母可以理解孩子不敢求助的真正原因,帮助孩子克服求助的心理障碍,学会坦然求助。

274　我知道什么时候求助

1. 小明在做一道数学题,粗略地读了一遍题目后,没有理解,于是他喊妈妈过来帮忙。

2. 小明在公园里跟妈妈走散了,这时他看到了园区的工作人员,于是向工作人员求助。

寻求帮助

图中有两个场景,你认为在哪种情况下求助更合适?为什么?

第五部分　社会性发展

家长日课

对孩子来说,学会区分不同的情境,了解什么是恰当的求助时机很重要。通过这个活动,父母可以引导孩子认识到,在普通情况下可以自己先思考,再寻求帮助,而在紧急情况下则需要立即寻求帮助。

275　我知道向谁求助

1. 在学校里，跟小朋友发生冲突了。

2. 在家里，找不到想看的一本书了。

3. 在商场里，跟妈妈走散了。

假如你遇到图中的几种情况，你会向谁求助呢？

寻求帮助

家长日课

让孩子了解哪些是值得信任的可求助资源,在不同场合下该向谁求助,也是促进孩子正确求助的一个重要方面。随着孩子年龄的增长,人际交往圈子的不断扩大,父母可以引导孩子看到不同社会资源的支持功能,帮助孩子学会在求助的时候找对资源。

276　我需要你这样做

我曾遇到 _____

_____ 困难，于是向别人求助

我需要别人这样帮我：_____

_____

我当时跟别人这样说：_____

_____

寻求帮助

你是否有向别人求助的经历？请试着回答图中的问题。

家长日课

孩子在寻求帮助的时候,需要明确表达自己的需求,这样有助于别人更清晰地了解情况,从而提供恰当的帮助。父母可以在日常生活中鼓励孩子多表达自己的需求,并给适当的反馈,促进孩子学会有效地求助。

277 你更愿意帮助谁?

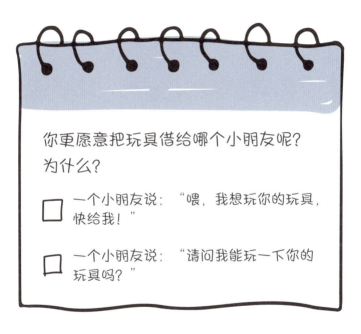

有两个小朋友向你借玩具，你更愿意借给谁呢？

家长日课

在寻求帮助的过程中，如果采用傲慢的态度，或者没有礼貌，会让人感觉不受尊重，就难以得到他人的帮助。父母可以引导孩子理解，要想让别人帮助自己，或者想让别人满足自己的需求，应该持有尊重的态度，有礼貌地请求别人。

278 我要谢谢你

> 我表达感谢的方式有:
>
> _____
>
> _____
>
> _____

当得到别人的帮助以后,你一般是如何表达谢意的呢?看看下面这些方式,你是否都用过?你还有其他表达感谢的方式吗?

1. 用语言表达:"谢谢你""你这么做真好""你这样说让我感觉很好",等等。
2. 用行动表达:微笑、拥抱、为别人做一件好事、写一张感谢的贺卡,等等。

家长日课

当我们得到别人帮助的时候,要及时表达感激之情,这不仅是应有的礼貌,也能增进我们和他人之间的联结。对孩子来说,从小学会表达感激,能培养感恩的心态,建立良好的人际互动,更容易与他人建立温暖、真诚的关系。

279 当我遭到拒绝时

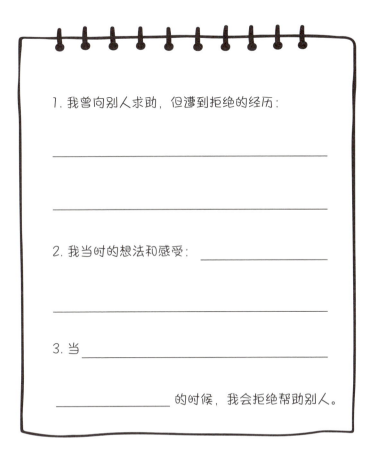

1. 我曾向别人求助，但遭到拒绝的经历：

2. 我当时的想法和感受：

3. 当 _____

   _____ 的时候，我会拒绝帮助别人。

寻求帮助

你有没有求助时遭到拒绝的经历？请试着回答图中的问题。

家长日课

通过这个活动，父母要让孩子知道，不是每次求助都能得到肯定的答复。当遭到别人拒绝以后，孩子难免会产生挫败感，这时父母要接纳孩子的感受，并引导孩子寻找其他的替代方案。同时父母也可以启发孩子站在他人的角度看问题，理解别人为什么会拒绝帮忙。

280 我的地盘我做主

	我的安全范围：
1.	我的房间
2.	
3.	
4.	
5.	
6.	
7.	

边界意识

1. 找找家里哪些东西或者哪个空间是只属于你自己的，不希望别人干涉，这就是你的安全范围，把它们写出来。
2. 让爸爸妈妈也说一说，家里哪些东西是只属于他们的。

家长日课

拥有边界感是建立边界意识的前提。边界感让孩子知道,在某个特定的范围内,自己对物品或者空间拥有支配权和控制权,这就能给孩子提供一个安全的心理空间,也构成孩子最初对边界感的体验。在这个活动中,父母也可以给出示范,引导孩子体验边界感带来的安全感和控制感,更好地培养边界意识。

281 我不能答应你

不合理要求:

_____

我不能答应你,因为:

_____

_____

1. 跟妈妈一起完成以下角色扮演,由妈妈扮演小明:

   小明:把你的零花钱分我一半,我们一起花吧。

   我:我不能答应你,因为这是我的钱,我想用这些钱买自己喜欢的东西。你可以跟你妈要属于你的零花钱。

2. 生活中,你还遇到过什么不合理的要求?你知道如何拒绝吗?在图中写一写。

家长日课

他人的不合理要求会侵犯自我边界,如果一味妥协会让我们失去边界,丧失独立的自我。在日常生活中,父母要引导孩子识别不合理的要求,同时有勇气、有方法拒绝这些要求,守护好自己的边界。

282　我不需要你这样做

_____ 我不需要你 _____

因为这会让我觉得 _____

_____

_____ 我不需要你 _____

因为这会让我觉得 _____

_____

边界意识

生活中，有没有人曾经让你体验到：对方明明是在关心你，但是却让你感觉不舒服，不希望他这样做。把这种情况写一写。

家长日课

过度关心是一种比较隐蔽的破坏边界的行为,这种情况经常发生在比较亲密的关系中。过度关心者容易在无意中越过边界,控制他人的行为。而被关心者也会在不知不觉中失去自主意识,最终产生被控制、被干涉的不好感受。生活中,父母要引导孩子警惕这种隐形的控制,同时在跟孩子相处时也注意保护各自的边界,不以爱的名义控制对方。

283 请停止这样做

1. 你被别人不友善地对待过吗?你当时是什么感受?又是怎么做的呢?跟爸爸妈妈讲一讲。
2. 跟爸爸妈妈讨论,还有哪些办法制止这些不友善的行为。

家长日课

敢于制止不友善的行为,也是保护自我边界的重要方面。面对不友善行为,我们要引导孩子勇敢说"不",保护好自己不被伤害,同时也要注意方式,避免引发冲突,找到更灵活的解决方案。

284 我可以吗?

> 做这些事之前要问一问:
> "我可以吗?"
>
> 使用他人物品

边界意识

你能想到哪些事情需要经过他人允许才可以做呢？请写一写。

家长日课

培养边界意识，除了引导孩子学会保护自我边界外，还应该尊重他人的边界。当我们的行为可能妨碍别人或者可能越界的时候，需要经过他人允许，这不仅是尊重他人的要求，也是一个人基本的社交礼仪。日常生活中，家长不仅要引导孩子尊重他人的边界，还要以身作则，尊重孩子的边界，这样孩子才能慢慢掌握社交的分寸感。

285 我们可以不一样

事件：_____

_____

我的观点：_____

朋友的观点：_____

_____

边界意识

1. 让爸爸妈妈讲一讲，他们之间有什么观点和习惯上的不同，他们是如何互相尊重对方的。
2. 想一想，有没有在某件事情上，你和你的朋友观点不一样？

家长日课

每个人都有自己的立场、习惯和个性,这些因素构成一个人的自我边界。尊重他人有与我们不同的个性和立场,就是尊重他人的边界。所谓"君子和而不同",正体现了尊重他人边界的智慧。父母要做的就是,让孩子在潜移默化中学会尊重他人的边界和独立的人格。

286 这些行为让我们不舒服

让我们都感觉不舒服的行为：

1. 强迫我做我不愿意做的事情。

2. _____

3. _____

4. _____

1. 生活中，他人哪些行为让你觉得侵犯了自己的个人边界，想一想，写一写。
2. 你曾经做过侵犯他人边界的事情吗？怎么可以避免这些行为呢？跟爸爸妈妈聊一聊。

边界意识

家长日课

"己所不欲,勿施于人"是千百年来中国人一直推崇的为人处事准则,就是说自己不喜欢的事情,也不要施加给别人。这个活动通过换位思考,让孩子理解他人的边界也需要尊重,从而对自己越界的行为有更敏锐的觉察,及时调整自己的言行。

287 规则无处不在

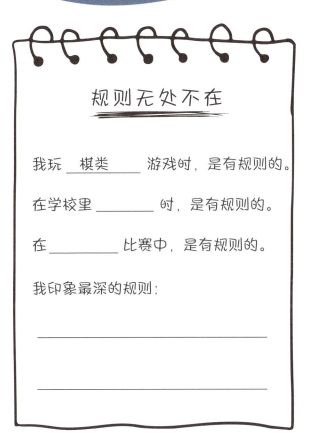

规则无处不在

我玩 ___棋类___ 游戏时，是有规则的。

在学校里 _____ 时，是有规则的。

在 _____ 比赛中，是有规则的。

我印象最深的规则：

_____

_____

在你的生活中，哪些地方会存在规则呢？让你印象深刻的规则有哪些？

家长日课

随着年龄的增长,孩子会逐渐了解各种各样的规则,也会逐渐感知和体验到规则对自己和他人的影响。父母可以通过启发式提问,让孩子意识到,规则在我们的生活中无处不在。无论是孩子的游戏,还是成人的体育比赛,都需要确立规则。

288 为什么需要规则？

如果没有交通规则，会引起交通混乱，甚至危及人的生命安全。

如果没有比赛规则，会_____

如果没有课堂规则，会_____

1. 你觉得为什么要有规则？如果没有规则会怎么样？在空白处写下来。
2. 你觉得规则是限制吗？它有没有可能让你更自由？跟爸爸妈妈讨论一下。

家长日课

无规则，不自由。有了规则，社会才能正常运转。好的规则可以带给人们安全和保护，有效保障人们的权益。通过这个活动，父母可以跟孩子深入探讨规则的意义，让孩子更好地理解规则的重要性。

289 破坏规则会怎样？

1. 你见过破坏规则的情况吗？比如，插队、闯红灯、比赛违规等。
2. 这些破坏规则的行为会导致什么后果？

家长日课

这个活动引导孩子发现日常生活中破坏规则的行为,启发孩子思考破坏规则的后果,让孩子认识到,如果缺乏规则意识,很可能会损害他人的利益,乃至给社会带来危害。破坏规则的人,也常常会受到惩罚,比如,比赛中队员严重犯规会被红牌罚下,严重违反交通规则会被吊销驾照等。

290 召开家庭会议

我们家的家庭规则是：

规则意识

1. 请你主持一次家庭会议，在会上与家人共同讨论，制定1~3条家庭规则吧。
2. 把它们写出来或者画出来，贴在家中明显的位置。

家长日课

从某种程度上讲,家庭规则也是一种负责任的爱,能促进孩子健康成长。在制定家庭规则时父母可以让孩子多参与,鼓励孩子提出自己的想法。规则不宜太多,而是要把重要的价值观渗透在其中,传递给孩子;规则也不能只是约束孩子,而是需要父母和孩子共同遵守。

291 向游戏学习

我发现游戏的特点有:

1. _____

2. _____

3. _____

我家的家庭电子产品使用规则:

_____

_____

1. 电子游戏中设有一些关卡。每通过一关,就会听到"真棒""太好了"之类的评价。当你遇到难关时,还会有求助方案。这些特点对于你制定使用电子产品的规则,有什么启发吗?
2. 根据电子游戏的特点,和爸爸妈妈商量制定你们家的电子产品使用规则,然后大家一起遵守。

第五部分 社会性发展

家长日课

游戏之所以能吸引孩子,与游戏的规则和特点是分不开的,包括游戏带给孩子的成就感,以及给孩子及时的正向反馈。父母可以借鉴游戏的特点,跟孩子一起制定家庭电子产品使用规则,比如约定每天玩游戏20分钟,当孩子做到了,父母要及时给予鼓励,同时在孩子连续遵守约定五天之后,给予一个正向的激励,让孩子体验"升级打怪"的乐趣。

292　我们都要这样做

比赛规则

1. _____
2. _____
3. _____

1. 全家一起开展一项体育比赛，比如100米跑、跳绳、球类比赛等，并制定比赛规则。
2. 在比赛时所有人都要遵守规则。比赛后，跟爸爸妈妈讨论一下对于规则的感受。

规则意识

家长日课

父母是孩子成长最重要的软环境,只有父母明确规则并遵守规则时,才能帮助孩子树立规则意识,让孩子真正学会遵守规则。这个活动倡导父母以身作则,向孩子传递"规则面前人人平等"的观念,引导孩子发自内心地遵守规则。

293 如果你在这些地方

在图书馆，我要遵守以下规则：
1. 保持安静。
2. 不污损图书。
3. 书归原处。

在电影院，我要遵守以下规则：

_____

_____

_____

在游乐园，我要遵守以下规则：

_____

_____

_____

1. 想一想，在图中这些地方要遵守哪些规则呢？
2. 你有没有过在公共场所不遵守规则的经历呢？当时发生了什么？跟爸爸妈妈讨论一下，要如何避免这样的情况再次发生。

家长日课

很多公共场所都有相应的规则，父母要启发孩子思考，从内心认同规则，孩子才会更愿意遵守公共规则。父母也要让孩子意识到，公共场所的秩序需要大家一起来维护，每个人在享受权利的同时，也要尽到自己的义务。

294 我能承担后果

小明要怎么做,才能承担由此带来的后果?

1. 小明穿着鞋故意把家里的地垫踩脏了。
2. 小明跟同学比赛跑步,把同学一把推倒了。
3. 小明在餐厅里跑来跑去,把碗碟碰到地上打碎了。

在图中的情境中,小明没有遵守规则,请你帮助小明分析一下他要怎么做,才能承担由此带来的后果?

规则意识

家长日课

孩子规则意识的形成是一个循序渐进的过程，父母要保持足够的耐心，把孩子偶尔违反规则的行为当作提升他规则意识的契机。当孩子违反规则时，需要承担相应的后果，即承担事情的自然后果或者做出弥补的行为。通过承担后果，孩子会逐渐把规则内化于心，最终实现自觉自愿地遵守规则。

295 我的感受很重要

和人交往,这些时刻让我感觉不错:

_____

_____

和人交往,这些时刻让我不太舒服:

_____

_____

回想一下你与他人相处时发生的事,有哪些时刻你感觉不错?哪些时刻感觉不舒服?具体说一说。

家长日课

在与人相处时,孩子首先要学会照顾自己的感受,特别是不舒服的感受。看到这些感受,允许这些感受存在,试着照顾这些感受,反而能够帮助孩子探索自己在社会交往中呈现出来的特点、模式以及背后的需求,帮助孩子尊重自己真实的感受,更有可能让他从内心做到与人为善。

296 我的需求很重要

探索前的需求

1. 这是我的玩具,我不想总是分享。

2. _____

3. _____

探索后的需求

1. 分享时,我希望它被爱护,不要被弄坏。

2. _____

3. _____

与人为善

1. 在与人相处时,你是否感觉到自己并不想一味照顾别人,你也有自己的需求。把你内心真实的需求写下来。只是看到它们,不做评判。
2. 和爸爸妈妈分辨一下,对所列需求描述得是否准确?如果不够准确,那么更准确的表达是什么?

家长日课

每个人都有自己的需求。在与人交往时，我们需要让孩子学会重视自己的需求，更准确地探索、认识自己的需求，避免对需求产生自发的羞耻感。当孩子的需求被看到、被理解，他就会呈现出富足充盈的内心状态，会向外界自然地流露善意。

297 我的边界明确吗?

下面ABC三人的边界是明确的吗?

对于别人提出的要求,A从来都不拒绝。有个朋友让A替他写作业,A仍然答应去做了。

B的两个朋友因为应该先玩还是先写作业的事意见不合,B不想反对任何一方,劝大家:"你们的做法都没错,都可以。"

同班的好朋友忘记写作业,C回应说:"也怪我,没有提前提醒你留了什么作业。"

请你判断,A、B、C三人在人际交往中的边界是否明确。

家长日课

与人为善,需要建立在双方独立的基础之上,而不是以牺牲自我边界为代价,换来看起来和谐的人际关系。这个活动引导孩子学着感受并判断人际互动中的分寸感,从而帮助孩子建立明确、清晰、稳定的自我边界,为健康的人际关系奠定基础。

298 客观判断不盲目

这个成人有更合适的方法找到路吗?

生活中还有哪些类似的情况,需要在助人之前先做判断,不盲目助人。

一个成人向一个3岁的幼儿园小朋友问路,请你思考下面的问题。

与人为善

家长日课

与人为善的第一个原则是需要客观判断助人的合理性，不能盲目行事。未经思考和判断的助人行为很有可能不是善举，不仅达不到助人的效果，还有可能引发对自己、对他人的危险。家长需要引导孩子观察、思考日常生活，引导孩子掌握客观判断的关键因素。

299 量力而行不勉强

下面这些行为，哪些超出了量力而行的范围？

A不会游泳，有人落水了，周围没有其他人，A选择下水救人。

放学后，B帮助同学复习功课，导致没时间完成自己的功课。

天气突然降温，C穿戴了羽绒服和围巾，很暖和。看到好朋友很冷，C决定把围巾借给好朋友。

与人为善

请你判断图中A、B、C三人的助人行为是量力而行吗？

家长日课

与人为善的第二个原则是量力而行,在力所能及的范围内给到别人帮助。在帮助别人之前,孩子不仅需要看到别人需要什么样的帮助,也要学会衡量自己的能力是否可以提供帮助。

300 真诚不伪装

你认为,黄鼠狼是真的想给鸡拜年吗?

_____

你是否有并不想真的帮助别人的情况呢?

_____

_____

让爸爸妈妈给你讲一讲黄鼠狼给鸡拜年的故事,然后请你回答图中的问题。

家长日课

与人为善是真诚地想帮助别人,不存有私心,不为了某种目的而假装出来。真正的善行需要知行合一地表达善意。在日常生活中,家长需要帮助孩子建立觉察和反思的习惯。当孩子观察到自己的私心和目的时,要暂停这个行为。

301 为动机找证据

爸妈提醒你早睡早起时,他们可能的动机是:

1. _____

2. _____

3. _____

爸妈内心真实的动机是:

_____

1. 首先,发挥你的想象力,尝试写出他人可能的动机。
2. 然后,收回你的想象力,判断他人的真实动机。

家长日课

与人为善需要孩子能够正确理解他人的动机。无论孩子还是成人,在一些情况下,难免会误解别人的动机,把中性的、善意的动机视为负面的动机,这样的误解会影响自己最终做出的行为。当孩子能够理解别人的真实的爱的动机,就能够让他人感受到善意,并且能够触发更多与人为善的行为。

302 及时表达感激

我观察到的善意行为：

_____

_____

_____

观察爸爸妈妈对你有哪些善意的行为，请你记录下来，并且告诉他们。

与人为善

家长日课

与人为善的孩子善于在人际交往中观察到他人对自己的善意行为,并且能够及时表达感激。家长可以和孩子一起在日常生活中进行这样的练习,以充满爱意和慈悲的眼光看待世界、理解世界、与世界沟通,让这样的行动和思维成为让孩子受益终生的习惯。

303 取人之善，修己之德

爸爸小时候听过的建议：

_____

_____

妈妈小时候听过的建议：

_____

_____

与人为善

请你问一问爸爸妈妈，他们小时候听到过哪些"忠言逆耳"的建议，最终帮助他们提升、完善了自己。

家长日课

与人为善的行为还包括善于听取别人的建议,善于改过。在这个练习中,家长们分享的成长故事会帮助孩子明白,建议不是批评,而是让自己获得成长的机会。以善意的心态看待他人建议,会令孩子获得积极的改变。

304　坚持做好一件小事

与人为善的小事

1. _____

2. _____

3. _____

与人为善

1. 想一想，生活中哪些你能做到的小事属于与人为善的行为？请你把它们列下来。
2. 选择其中一件，和爸爸妈妈或者朋友一起，在一个月的时间里，持续去做这件小事。

第五部分　社会性发展

家长日课

与人为善的行为可以对他人和世界产生积极的影响。家长可以引导孩子和他人一起做好事,这个过程中,人与人之间会相互影响,相互鼓励,得到共同的完善提升,为世界带来美好的改变。

305 这是我的

我的物品

我的衣服 _____ _____

_____ _____ _____

_____ _____ _____

乐于分享

1. 想一想,家里属于你的物品都有什么?把它们分类写下来。
2. 对于你的物品,你希望爸爸妈妈如何尊重你的权利?跟他们聊一聊。

家长日课

物权意识就是知道什么东西是自己的,什么东西是别人的。分享就是把"我的东西"分享给别人,所以充分尊重并保护孩子的物权意识是分享的心理基础。在生活中,父母要有意识地保护并尊重孩子的物权,同时也互相尊重彼此的物权,给孩子做一个好的示范。

306 我想跟你分享

我愿意跟朋友分享 _____

_____

因为: _____

_____

_____

乐于分享

回想一下，你跟好朋友一起分享过什么东西？你为什么想跟他一起分享呢？

家长日课

分享是一种社交需要,也是孩子们的一种社交方式。通过互相分享,孩子可以与他人建立友谊,共同玩耍,获得更丰富的体验,增进彼此之间的关系,等等。通过对分享经历的回忆和思考,孩子更能够理解,分享不会让自己失去什么,反而会让自己收获友谊和快乐,从而更愿意分享。

307 分享的乐趣

1. 回忆你跟小伙伴互相分享的一次经历,当时你们分享了什么?
2. 在这次分享中,你体验到了哪些乐趣,有什么收获?

乐于分享

家长日课

处于自我中心期的孩子认为分享会给自己造成损失,所以不愿意分享。但是孩子在分享的过程中,会体验到由分享和互动带来的积极体验。这种分享中的积极体验和乐趣又会进一步鼓励分享行为,形成良性循环。

308 好吃的一起吃

周末聚餐,我想跟朋友们分享

_____

因为:_____

_____

_____

假如你周末要和小伙伴去公园野餐,你准备跟他们分享一些什么好吃的?为什么要分享这些好吃的?把你的想法写一写。

乐于分享

家长日课

分享食物是一种基础的分享行为,也是很常见的一种分享行为。在跟小伙伴的聚会场景中,父母容易激发孩子的分享行为,并让孩子在互相分享中增进友谊,获得快乐。在家庭生活中,父母也可以引导孩子跟自己分享食物,避免"吃独食",帮助孩子养成分享的习惯。

309　每人分享一件开心事

爸爸今天最开心的事：

_____

妈妈今天最开心的事：

_____

我今天最开心的事：

_____

全家人坐在一起，每人分享一件今天让自己觉得最开心的事。

家长日课

分享不仅包括物质层面的分享,还包括精神层面的分享。愿意与他人分享自己的情绪和感受,能帮助孩子更敏锐地觉察到自己的精神世界,学会表达自己的精神世界。在日常生活中,父母可以带动孩子一起,互相分享自己白天的经历,不仅能帮助孩子学会乐于分享,还能促进亲子关系,营造温馨的家庭氛围。

310 我是这样做的

爸爸最擅长的一件事:

_____

妈妈最擅长的一件事:

_____

我最擅长的一件事:

_____

全家人每人说一件自己擅长的事情,可以示范或者分享你做得好的经验,其他人可以现场学习。

家长日课

在学习、生活或者工作中，乐于分享自己的经验是重要的分享行为，也是一种宝贵的品质。这个活动会让孩子体验到，跟他人分享经验会让自己在擅长的领域进一步提升，同时，还可以大家取长补短，共同进步，获得更多成长。

311 分享与否我做主

我想分享的物品：_____

_____

我不想分享的物品：_____

_____

假如周末亲戚家的小朋友要来你家玩，你会选择跟他分享你的哪些好玩的东西呢？如果有心爱的玩具或者物品，你目前舍不得分享，你可以不拿出来，写一写你的决定。

家长日课

分享应该是一种自主自愿的行为。在引导孩子学会分享的过程中,家长会认为不想分享是自私的表现,从而强迫孩子分享,这是一种引导误区。如果总是被强迫分享,孩子只会越来越不想分享。只有当孩子感觉到是否分享可以自己做主的时候,他才会更加主动地分享,也有助于养成乐于分享的习惯。在生活中,父母家要注意尊重孩子的分享意愿,给孩子自主权和决定权,避免强迫分享。

第六部分

珍爱生命，追求美好

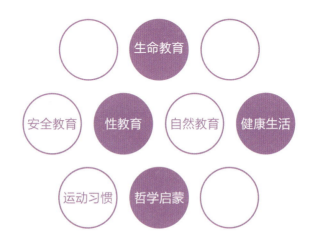

312　寻找生命的足迹

1. 地球上最神奇的现象就是有生命，生命的足迹遍布地球的各个角落。
2. 你知道图中不同的地方都有哪些生命吗？跟爸爸妈妈一起查一查，写一写。

家长日课

认识生命是生命教育的开始,不仅要认识自己的生命,还要认识各种形式的生命,知道生命的丰富和多样。孩子在寻找生命足迹的过程中,也能体会到各种生命的顽强和坚韧,认识生命的伟大和神奇。

313　我在妈妈肚子里的时候

1. 你知道吗，在来到这个世界之前，你在妈妈肚子里住了40周呢！
2. 当你在妈妈肚子里的时候，发生了哪些趣事？妈妈有没有遇到一些困难的事？她是怎么克服的？爸爸是如何照顾妈妈的？听妈妈讲一讲。

第六部分　珍爱生命，追求美好

家长日课

每个生命都来之不易,从受孕开始,妈妈就会经历各种身体不适和心理上的挑战,爸爸妈妈需要付出很多努力,才能迎接一个小生命的到来。跟孩子讲讲关于他出生前的事情,能让孩子知道自己生命的宝贵,更能理解生命孕育的不易,从而珍惜、热爱自己的生命。

314　我这样爱自己

每个人都要爱护自己的生命,让自己更好地成长。你平时是怎么爱自己的呢?在图中写一写吧。

家长日课

爱自己是每个人一生的功课,也是每个孩子需要从小培养的意识和习惯。家长在日常生活中要引导孩子爱护自己的身体,关注自己的心理状态,保持身心健康。同时,家长也要以身作则,养成健康的生活习惯,保持良好的内心状态,爱护自己的生命。

315　不伤害他人

我要这样尊重他人的生命

1. 不伤害别人的身体

2. _____

3. _____

每个人的生命都是平等的，我们不仅要爱护自己的生命，也要尊重别人的生命。你能说一说，在生活中应该如何爱护别人的生命吗？

家长日课

爱护生命除了包括爱护自己的生命,还包括爱护、尊重他人的生命。而且,只有真正理解并热爱自己生命的人,才能真正做到爱护、尊重他人的生命。在生活中,家长要引导孩子理解生命的可贵,不伤害他人,不做有损他人生命和健康的事情。

316　我的生命线

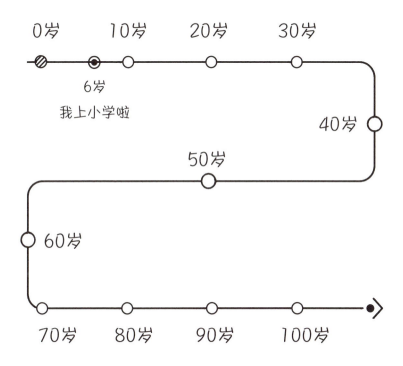

图中是一条"生命线",你能标出你生命中已经发生或者以后会发生的重大事件吗？可以是你认为有意义的事,或者你的理想,预计一下你在哪个年龄段实现这些事,在下面的"生命线"上标注出来。

生命教育

第六部分　珍爱生命,追求美好

家长日课

在每个人生命的长河中,都会发生一些对个人意义重大的事情,这些重要的事件是我们成长路上的里程碑,也让我们感受到生命的意义和成就感。父母可以跟孩子分享自己成长中的大事,比如工作、结婚、生子等,以及这些事给自己带来的积极体验,让孩子对自己的生命也充满期望与意义感。

317 天生我材必有用

我希望长大后做 _____

_____

我能创造的价值是 _____

_____

_____

1. 问问家里的大人都做过什么工作,了解他们的工作都创造了什么价值。
2. 你希望自己以后做什么工作,创造什么价值呢?

家长日课

每个人都会在创造价值、服务他人的过程中体验到自己生命的意义感。每个普通人都可以在自己平凡的岗位上发挥自己的能力,创造自己的价值。父母要引导孩子发现自己的天赋潜能,并在自己适合的领域创造价值,体验生命的意义。

活动提示

我们可以引导孩子志存高远,但是,和孩子讨论工作的价值和生命的意义时,要从小处着眼,不是必须取得丰功伟业才算有价值,在自己平凡的岗位上尽职尽责,为他人带来便利,为自己和家人创造美好的生活,这本身就是价值。在这个活动中要避免好高骛远或者空谈价值而忽视了当下的现实。

318 生命的最后一步

我对死亡的理解和感受：

1. 跟爸爸妈妈一起看电影《寻梦环游记》。
2. 每个生命的最后一步，都是死亡。你能理解这件事吗？跟爸爸妈妈聊聊你的感受。

家长日课

死亡教育是生命教育不可或缺的一部分,所有生命的最终归宿都是死亡。只有正视死亡,我们才能更加珍惜现在的生命,让自己的人生充实有意义。家长可以在适当的时机,比如花草枯萎、宠物离世时,引导孩子理解死亡,正视死亡的存在,从而更加珍惜当下。

319 它们都是真的吗？

我这样分辨网络虚假信息：

_____

_____

_____

1. 网络上的信息都是真的吗？跟爸爸妈妈分别讲一个你们曾经在网上遇到的虚假信息。
2. 在网络上你是怎么分辨虚假信息的？和爸爸妈妈讨论一下。

家长日课

虽然互联网的发展给我们的生活带来很大的便利,但是互联网并不是一个绝对安全的地方,各种虚假信息充斥网络,对于缺乏分辨能力的低龄孩子来说,网络安全教育至关重要。家长首先要让孩子理解网络上的信息不全是真实的,并跟孩子一起学习、探讨识别虚假信息的方法,让孩子远离网络虚假信息的伤害。

320 我不能告诉你

在网络上，这些信息要保护：_____

_____

因为：_____

_____

_____

你知道哪些个人信息不能公开放到网络上吗？为什么？跟爸爸妈妈讨论一下，写出你们的答案。

家长日课

保护个人信息是网络安全教育的重要内容。家长要在日常生活中,引导孩子保护个人信息,避免无意间在网络上泄露个人信息和隐私,防止被人利用或欺骗。

321　这样安全吗？

课间在走廊里快跑。_____

上完体育课喝大量冷水。_____

为了好玩从3级台阶上往下跳。

_____

图中是阳阳同学在校园里的一些行为表现，你认为他这些行为安全吗？如果不安全，应该怎么做？把你的看法写下来。

家长日课

对于学龄期的孩子而言,校园安全教育非常重要。家长要多了解孩子在校园里的各种活动,他可能经历的各种场景,引导孩子注意安全,不做危险行为,保护自己和他人的健康与安全。

322 你不能这么做

遇到校园暴力这样保护自己

1. _____
2. _____
3. _____

一个高个子男生总是霸占浩浩的文具，比如橡皮、自动铅笔，还威胁他不准告诉老师和家长。高个子男生的几个好朋友还嘲笑浩浩眼睛小，恶意给他起外号。你觉得浩浩可以怎么做？跟家人一起讨论一下吧。

家长日课

预防校园霸凌是校园安全的重要内容,与孩子的身心健康息息相关。家长在日常生活中,要引导孩子懂得保护自己,学会寻求帮助。同时可以通过观察孩子的情绪、跟孩子聊天等方式关注孩子在学校里的状态,并让孩子知道,不管他在学校遇到什么事情,都可以跟爸爸妈妈说,爸爸妈妈永远是孩子的坚强后盾。

323　交通规则大比拼

我学到的交通规则：

1. _____

2. _____

3. _____

1. 跟爸爸妈妈一起玩交通规则接龙比赛。每个人轮流说一条自己知道的交通规则，直到有人想不起来为止。
2. 把你今天新学到的交通规则写下来。

家长日课

交通安全是安全教育的重要内容。孩子需要了解最基本的交通规则,才能在生活中学会遵守交通规则,理解交通安全的重要性。家长也要以身作则,注意交通安全,经常向孩子普及交通安全的相关知识,在潜移默化中培养孩子的交通安全意识。

324 安全过马路

这样过马路最安全：

1. 在有红绿灯的地方过马路。

2.

3.

4.

你经常跟谁一起过马路？如果以后需要自己单独过马路，你知道应该遵守什么交通规则、考虑哪些安全因素吗？根据示例把你认为重要的几点写下来。

家长日课

在学习交通安全常识的基础上，更要把安全知识和交通规则落实到行动上并形成习惯，这样孩子才能真正体验如何在交通规则范围内保护自己的安全，成为一名交通规则的践行者。

325 我的安全知识库

我的安全知识库：

_____

_____

_____

除了前面提到的一些安全常识，你还知道哪些保护自己安全的小知识，跟爸爸妈妈说一说，写一写。

家长日课

安全教育涉及衣食住行的方方面面,比如用电安全、食品安全、遇到陌生人如何保护自己,等等。家长可以在生活中经常引导、提示孩子注意安全,传递安全常识,培养孩子的安全意识,提高孩子保护自己的能力。

326 我从哪里来？

1. 图中是生命诞生的过程示意图，你能把这个过程用箭头标识出来吗？
2. 你的生命一半来自爸爸，一半来自妈妈。在镜子前仔细观察一下自己，看看哪些地方像爸爸，哪些地方像妈妈？

家长日课

当孩子成长到一定年龄阶段,一般都会对自己的出生感到好奇。父母可以借助绘本、故事等方式,帮助孩子了解自己是怎么出生的,让孩子对生命的形成有一个正确的认识,满足孩子好奇心的同时,增进孩子和父母的亲密关系,并让孩子懂得生命的独特与珍贵。

327 了解隐私部位

1. 我们人体有的部位不能随便暴露出来,是人的隐私部位。图中男孩和女孩用小背心和小内裤盖住的地方就是隐私部位,请你将这些部位涂上你认为合适的颜色。
2. 对于自己的隐私部位,你要怎么保护呢?和爸爸妈妈讨论一下。
3. 你能去碰触别人的隐私部位吗?要怎样尊重他人的隐私呢?

家长日课

帮助孩子认识隐私部位,了解保护隐私部位的注意事项,能培养孩子自我保护和尊重他人的意识。父母需要告诉孩子,除了家人给他洗澡,或者父母在场的情况下医生给他检查身体外,任何人都不可以私自触碰他的隐私部位。也要让孩子知道,不能随便去看、去碰触别人的隐私部位。

32B 分辨好的接触和不好的接触

> 生活中有哪些身体接触是好的接触呢?
>
> _____
>
> _____
>
> 生活中有哪些接触是不好的接触呢?
>
> _____
>
> _____

1. 人们有时候会用身体接触来表达情感,比如爸爸妈妈亲你的脸颊表达爱意,同学之间握手表示友好,这会让你感到安全和舒服,这就是好的接触。请你想一想,生活中有哪些身体接触是友好的接触呢?
2. 有的身体接触会让人感到不舒服、不安、不妥当、想停止,这样的接触就是不好的接触。生活中有哪些接触是不好的接触呢?

第六部分 珍爱生命,追求美好

家长日课

好的身体接触能让人感到安全和舒服，而不好的接触会让人感到不舒服、想停止。父母可以根据孩子的年龄和成熟程度，跟孩子讨论什么是好的接触，什么是不好的接触，引导孩子相信自己的感觉，学会分辨好的和不好的接触，帮助孩子建立安全的身体界限。

329 我的爱心圈名单

1. 你会允许哪些人跟你有亲密的身体接触呢？把他们写在"我的爱心圈"里。
2. 看一下你的爱心圈名单，他们和你的亲密接触行为分别可以有哪些？

家长日课

通过一起列出爱心圈名单,父母可以让孩子知道,只有最亲近的人,比如爸爸妈妈、爷爷奶奶,或者姥姥姥爷,才能跟自己有亲密的身体接触。孩子喜爱并信任的人,经过孩子的允许和同意,才能跟孩子有拥抱等行为,这可以帮助孩子更好地享受亲人、长辈、朋友的关心和爱。

330 大声说"不"

| 视觉警报 | 有人要看你的隐私部位。 |

| 言语警报 | 有人谈论你的隐私部位。 |

| 独处警报 | 除家人以外的成人和你单独在一起。 |

| 触碰警报 | 有人触碰你的隐私部位。 |

| 拥抱警报 | 有人强行拥抱、亲吻你或者把你抱起来。 |

1. 图中有五个关于隐私部位的警报,如果出现了这些警报,你就要提高警惕,提防坏人了。让我们来了解一下吧。
2. 如果遇到图中的任意一种情况,你觉得可以怎么做?你可以向谁求助?跟爸爸妈妈讨论一下。

第六部分 珍爱生命,追求美好

家长日课

要学会保护自己,孩子需要具备辨别坏人的能力,也需要具有对坏人说"不"的勇气。通过这个活动,孩子可以提前了解需要警惕的情况,预防性侵等不良事件的发生。父母也要让孩子知道,即使不好的事情发生在自己身上,也不是孩子的错;不管发生什么,爸爸妈妈还有家人都是孩子最坚强的后盾。

331 我可以这样喜欢你

如果你喜欢一个异性,你会如何表达呢?

_____

哪些表达是合适的?哪些表达是不合适的?为什么?

_____

你有喜欢的异性朋友吗?回答图中的问题,然后和爸爸妈妈讨论一下。

家长日课

孩子喜欢异性小朋友,这是一种纯真而美好的情感。父母要尊重孩子的情感,同时教孩子恰当地表达这份情感,比如,尊重对方的身体界限,尊重对方的感受。孩子从小懂得尊重异性,懂得用恰当的方式表达爱和喜欢,能为孩子将来发展良好的人际关系并拥有美好的爱情和婚姻打下基础。

332　两性平等和尊重

- 让妈妈给你读舒婷的诗《致橡树》。
- 观察生活中男女之间平等的现象。
- 讨论男女之间如何互相尊重和理解。

和爸爸妈妈一起，完成图中的三个小任务。

第六部分　珍爱生命，追求美好

家长日课

要帮助孩子树立健康的性别观,就要让孩子从小懂得,男性和女性从根本上是平等的,男女之间要互相尊重、理解和支持。通过跟孩子讨论爱情观,分享生活中的性别平等和尊重行为,可以促使孩子更好地理解两性之间的情感,逐渐学会与异性恰当的相处之道。

333 我身边的植物

画出你喜欢的植物

1. 你家里有哪些植物呢?你的小区和附近的公园里又有哪些植物呢?请说一说你知道名字的植物,以及你不知道名字但印象深刻的植物。
2. 选择你感兴趣的一种植物,去了解它的特别之处,仔细观察它的姿态,把它画下来吧。

家长日课

大自然就在我们身边,不管是参天大树还是无名的小草,各种植物都在按照自己的方式,顺应天候,默默地生长。父母可以跟孩子一起行动起来,观察和了解不同的植物,认识植物中蕴藏的奥秘,发现和感受植物之美,提升对自然万物的觉察和尊重,与自然建立更亲近的关系。

334 有趣的动物

你知道哪些有趣的动物？

1. 回想你去动物园的经历，哪些动物给你留下了难忘的记忆呢？
2. 你还知道哪些有趣的动物呢？说说它们为什么有趣。

家长日课

通过参观动物园、观察身边的小动物、阅读书籍、观看纪录片或者参加相关活动等方式，孩子可以认识和了解地球上的各种动物，逐渐理解生物的多样性，感受到地球是人与动物共同的家园。在这个活动中，父母可以启发孩子感知动物的生命，进而从内心生发关爱动物和保护动物的意识。

335　大自然给了我什么？

大自然带给我们人类哪些方面的好处？

_____

_____

我们要如何跟自然和谐相处？

_____

_____

1. 回想一次你户外旅行的经历，当时你看到了什么？听到了什么？闻到了什么？做了什么？又有什么样的感受呢？
2. 你觉得大自然带给我们人类哪些方面的好处？我们要如何跟自然和谐相处呢？跟爸爸妈妈讨论一下。

自然教育

第六部分　珍爱生命，追求美好

家长日课

自然是人类赖以生存和发展的基本条件,我们应该尊重自然、顺应自然、保护自然,促进人与自然的和谐共生。对孩子来说,要理解人与自然的关系,可以从他与自然的真实接触开始,让孩子充分调动自己的感官,全方位接触自然、感受自然。当孩子真切地感受到自然的滋养,和自然有了更多的互动,就会更加热爱自然,学习与自然和谐相处。

336 难忘的自然风光

难忘的自然风光

1. 请你回忆一下,在你所看到的自然风光中,哪个风光让你最难忘?为什么?
2. 也请爸爸妈妈分享一下自己难忘的自然风光。
3. 请你把这个风光画下来吧。

家长日课

美丽的大自然不仅让我们赏心悦目,更能触动我们的心灵,治愈我们的身心,让我们产生奇妙的体验。父母可以经常带孩子行走在大自然中,丰富孩子的自然体验,让孩子去感受大自然的美好和神奇,同时也给孩子创造丰富的内心体验,让孩子从大自然中汲取成长的力量。

337 绘制声音地图

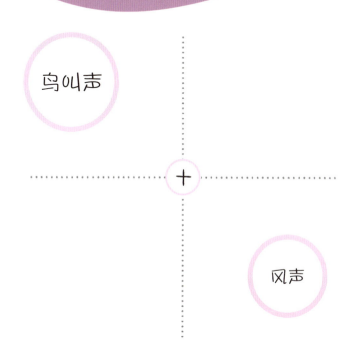

1. 和爸爸妈妈去户外找一个相对安静的地方坐下来。每个人拿一张A4白纸,白纸中心标记一个"十"字,代表自己所坐的位置。每个人都闭上眼睛,集中精力去听周围的声音,每听到一种声音,就在自己的纸上标记声音所在位置的方向以及距离。
2. 持续5~10分钟,然后大家一起分享各自听到的声音,看看哪种声音是你所熟悉的,哪种声音你第一次听到,你又最喜欢哪种声音。

家长日课

无论是鸟儿、虫儿的鸣叫声,还是风儿吹过树木的沙沙声,都是美妙的自然之声。当我们安静地坐着,倾听周围树木、小鸟、风的声音,我们的内心会更加平静,也会更加深刻地体验到自然之美。这个活动能唤醒孩子对大自然的感知,帮助孩子用心聆听大自然,更好地与自然建立联结。

活动提示

这个活动最好选在人不多的地方,远离人声的嘈杂。

338 与自然"精灵"读心

	我准备问"精灵"的问题
1.	你几岁了?
2.	你从哪里来?
3.	在这里生活,你感觉如何?
4.	你的生命中经历过什么呢?
5.	你对别的生命有什么帮助吗?
6.	别的生命是怎么帮助你的呢?
7.	你有什么特别的事想对我说吗?

挑选一个自然中的"精灵",比如一棵树、一块岩石、一朵花或者一只昆虫,自由地向它提问,自在地与它交流,并写下答案。图中是一些问题示例,可供你参考。

第六部分 珍爱生命,追求美好

家长日课

在孩子的眼中,万物都是有灵的,"精灵"就藏在自然中。通过将自然中的事物拟人化,让孩子跟它们进行对话,有助于孩子建立与自然的联结,并感受到万物有灵。在这个活动中,父母可以鼓励孩子仔细观察,或者用双手去触摸和感觉这个"精灵",并运用想象力去回答问题。

339 体验和联结自然：制作我的自然盒子

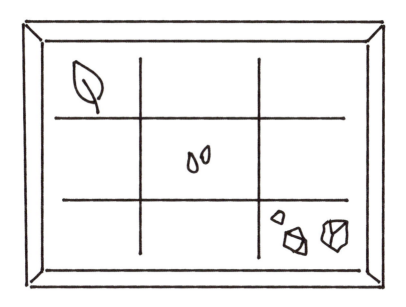

找一个硬纸盒子，比如鞋盒，用你平时从野外收集的自然物品或者家里的生活材料，比如松果、树叶、绿豆、布头等，来制作一个独特的自然盒子，然后给它起一个你喜欢的名字吧。

家长日课

孩子可以发挥自己的想象力和创造力,用自然界的事物来制作东西,把自然之美展现在自己的作品中,并在这个过程中感受与自然的联结。在日常生活中,父母可以有意识地跟孩子一起收集和讨论自然中的各种奇妙事物,让家里充满自然的气息。

340　我是环保小卫士

我了解的环保知识和方法：

1. 节约用水（示例）

2. _____

3. _____

我参与的环保活动：

_____

1. 要保护好环境，离不开我们每一个人的努力。你知道哪些保护环境的知识和方法呢？
2. 你是否参与过任何环保活动呢？如果有的话，请谈一谈你当时的行动和感受。

家长日课

珍惜自然资源,参与环境保护,人人都可以从身边的小事做起。比如,节约用水,做好垃圾分类和废物利用等。父母可以搜集环保方面的资料,丰富孩子的环保知识,并做好环保方面的表率,跟孩子一起参与环保,从而树立和增强孩子的环保意识,帮孩子形成良好的环保习惯。

341 一起畅想绿色未来

请制作你的"绿色未来"宣传海报

1. 你知道青蛙是怎么保护庄稼的吗?你知道细菌是怎样侵入人体的吗?你知道人为什么要呼吸新鲜空气吗?跟爸爸妈妈一起探究一下这些现象,了解人和自然是怎样构成了一个相对平衡的生态系统的。
2. 做一个主题为"绿色未来"的宣传海报,写一写或者画一画我们应该如何保护自然、关爱地球。

家长日课

当孩子意识到地球上生命之间的相互依存关系，了解更多关于生态系统的知识，就会提高爱护生态环境的意识，逐渐学会辩证地看待事情，认识到人类的活动在现在和将来对整个环境造成的影响，从而树立正确的生存观和发展观，自觉参与到保护自然、关爱地球的行动中。

342　环保小课题研究

我的环保小课题：

_____

我的调查：_____

_____

_____

解决方案：_____

_____

_____

1. 任意选择一个你感兴趣的环保方面的小课题，比如，附近河流的生态保护，让爸爸妈妈协助你搜集这方面的资料。
2. 把你搜集的资料和调查到的情况综合到一起，试着为这个问题给出一个解决方案。

家长日课

通过对一个环保小课题进行研究,孩子可以更加深入地了解环保知识,思考环保与个人生活之间的密切关系,增强作为地球"小主人"的责任感和使命感。在这个过程中,父母作为协助者,可以鼓励和支持孩子做市场调查,帮助孩子寻找相关资料,启发孩子结合实际情况进行思考,让孩子真正参与环保,并感受"敢想敢做"的自豪感。

343　我会睡个好觉

保证高质量睡眠的方法

1. _____
2. _____
3. _____

1. 你现在每天大概几点上床睡觉，几点起床呢？算算你每天可以睡多长时间。
2. 如果你前一天没有睡好或者没睡够的话，第二天会有什么样的感觉呢？
3. 你认为有哪些方法可以保证充足而高质量的睡眠呢？

家长日课

良好的睡眠不仅促进孩子的身体成长，也是大脑恢复能量的最好方式。睡眠还会影响孩子的注意力，进而影响孩子的学习和情绪状态。不同年龄阶段的孩子需要的睡眠时长不同。3~6岁的孩子，每天的睡眠时间要保证11~12小时；7~9岁的孩子，10~11小时是最佳睡眠时长。通过这个活动，父母可以让孩子意识到睡眠的重要性，促进孩子养成良好的睡眠习惯。

344 这样休息才高效

A. 睡两个小时午觉。＿＿＿＿＿

B. 吃点甜点。＿＿＿＿＿

C. 闭目养神10分钟。＿＿＿＿＿

D. 打半个小时游戏。＿＿＿＿＿

E. 下楼走一圈。＿＿＿＿＿

F. 看15分钟动画片。＿＿＿＿＿

1. 你平时累了的时候，是怎么休息的呢？
2. 你认为图中哪些做法能获得最佳的休息效果？哪些获得的休息效果一般？哪些并不能让人真正获得休息？分别在后面打上五角星、对钩和叉吧。

家长日课

孩子学会劳逸结合,身体会更加健康,学习效率也会更高。但如何休息才是真正的休息,对此需要有正确的认识。玩游戏和看动画片并不能真正让人放松,睡午觉和吃甜点,过多过度会有副作用,闭目养神与出门散步可以缓解疲劳,实现真正的放松。通过这个活动,孩子能学会运用好的休息方式,养成健康的生活习惯。

345 这样吃最健康

我的饮食调整方案

1. _____

2. _____

3. _____

1. 在你每天吃的食物中,主食有哪些?肉类有哪些?蔬菜和水果有哪些?坚果与豆类食物又有哪些呢?
2. 每种食物都含有不同的营养成分。查看一下家里食物包装上的营养成分表,你发现了什么?
3. 要让身体更健康,可以做出哪些饮食方面的调整呢?跟爸爸妈妈讨论一下。

家长日课

良好的饮食习惯对孩子的健康成长非常重要。父母要了解孩子生长发育的特点,科学规划孩子的饮食。在日常饮食中,食物的种类和搭配要合理,保证均衡的营养吸收。父母也要为孩子做出表率,多吃健康的食物,尽量不偏食、不挑食。

346 花样零食如何选？

我喜欢吃的零食：_____

_____

我喜欢的健康零食：_____

_____

这些零食应该少吃：_____

_____

1. 你平时喜欢吃哪些零食呢？你了解这些零食的成分吗？跟爸爸妈妈一起查一下。
2. 哪些零食是健康的零食呢？你最喜欢哪种健康的零食呢？
3. 你知道哪些零食应该少吃吗？

家长日课

市场上零食种类很多,对孩子也有很大的吸引力。完全禁止孩子吃零食,或者孩子想吃什么就给什么,都不利于孩子的健康成长。要让孩子学会选择健康的零食,父母可以先教孩子科学地认识与了解零食,同时为孩子提供多样、健康的零食选择。

347 小毛巾有大用处

毛巾的用途	个人卫生习惯
1. 洗手后擦手	1. 大小便后要洗手
2.	2.
3.	3.
4.	

1. 请数一数你家有多少条毛巾？它们的用途有什么不同？
2. 你还有哪些好的个人卫生习惯呢？

家长日课

良好的卫生习惯能让孩子受益终生。在日常生活中，父母可以根据孩子的理解能力和接受能力，跟孩子一起制订家庭中的卫生规则，帮助孩子培养良好的卫生意识和习惯。父母也要言传身教，给孩子亲身示范如何在生活中保持个人卫生。同时，为孩子提供一个整洁的家居环境，也能在无形中帮助孩子养成良好的卫生习惯。

348 讲卫生，乐趣多

你喜欢的清洁用品：

_____

它们的特别之处：

_____

1. 今天由你来做老师，给爸爸妈妈和你喜欢的小玩偶们讲一讲，怎样刷牙才能赶走细菌，更好地保护牙齿。
2. 你有没有自己喜欢的清洁用品？比如你的小毛巾、牙刷或者香皂，讲一讲它们有什么特别之处。

第六部分 珍爱生命，追求美好

家长日课

要让孩子养成良好的卫生习惯,不能靠说教或者强制,而是可以通过有趣的方式,让孩子觉得讲卫生是一件快乐的事情。比如,父母可以通过跟孩子玩角色扮演的游戏,让孩子理解讲卫生的重要性。父母也可以选购孩子喜欢的卫生用品,以增加使用的乐趣。

349 我是护眼小达人

眼睛的用处：
1. 读书
2. _____
3. _____

保护视力的习惯：
1. 每天至少2小时户外活动
2. _____
3. _____

眼睛"喜欢"的食物：
1. 胡萝卜
2. _____
3. _____

1. 眼睛对我们是如此重要。你能说出眼睛的三个用处吗？
2. 你能说出至少三条保护视力的好习惯吗？
3. 眼睛也有一些自己"喜欢"的食物，你能说出它喜欢的三种食物吗？

第六部分 珍爱生命，追求美好

家长日课

保护眼睛,需要孩子拥有良好的护眼意识和用眼习惯。通过这个活动,孩子能增强对眼睛重要性的认识,了解科学的用眼、护眼知识,避免不良的用眼行为。在日常生活中,父母也要以身作则,带动和帮助孩子养成良好的用眼习惯,预防近视的发生,保护好孩子的视力。

350　回忆开心运动时刻

爸爸的运动开心时刻：

_____

妈妈的运动开心时刻：

_____

我的运动开心时刻：

_____

1. 关于运动，你有哪些开心的回忆？和爸爸妈妈说一说。
2. 也请爸爸妈妈分享他们的运动开心时刻。

家长日课

养成运动习惯需要引发孩子对运动的兴趣,而不是一味依靠意志力坚持。家长可以和孩子一起回忆并分享运动中的开心时刻,借助自己体验到的积极反馈来调整认知,以更加积极、开放的心态看待运动,减少抵触心理,为孩子建立与运动的良好关系打下基础。

351　我喜欢的运动

我尝试过的运动项目：_____

_____

其中，最喜欢的是：_____

未来我想要尝试：_____

_____

你都尝试过哪些运动项目？你最喜欢的是哪一项？未来你还会体验哪些新的运动？

家长日课

每个家长都希望孩子能够找到自己感兴趣的运动,这就需要让孩子有机会尝试、体验各种类型的运动。在尝试和体验的过程中,需要给孩子充分的探索空间,不急于教授规则、练习技巧,让孩子自由地感受各项运动,发现自己擅长并能享受其中的运动。

352 运动很搞笑

由你和爸爸或妈妈一起表演龟兔赛跑,两人分别扮演乌龟和兔子。想办法给这场属于你们的龟兔赛跑增加有趣的元素,谁想到的办法让大家觉得好笑,就可以在记分栏中得分。

家长日课

运动体验直接关系到孩子是否能够坚持运动,将运动变成习惯。在这个练习中,当孩子能够以积极主动、轻松快乐的心态面对运动,把欢乐、搞笑的元素加入到运动中时,孩子实际上是在通过自己的力量改善运动体验,让运动不再是一件难以坚持的事。

353 感受身体

- ○ 做一项你喜欢的运动。

- ○ 体会身体各部位的感觉。

- ○ 在心里提示自己放松产生酸、痛等不适的身体部位。

通过图中的方式,在运动过程中专注地感受你自己的身体。

家长日课

专注地投入于运动过程,是提升运动体验、享受运动的根本方法。引导孩子将注意力集中在进行运动的身体部位上,专注地体会身体在运动中的感受和变化。将注意力集中在身体部位会令运动锻炼的效果显著增强,还可能会产生心流体验,让孩子更容易、也更愿意持续地进行运动。

354　这样看待输赢

```
影响输赢的因素

1. _____

2. _____

3. _____
```

请你和爸爸妈妈一起讨论一下:
1. 在竞技运动中,结果的输赢可能会受到哪些因素的影响?请尽可能多地列举。
2. 在运动中,一个人会不会总是输,或者总是赢?

家长日课

竞技运动总会有胜负之分，对于结果的过度关注，会让孩子无法专注地投入在运动中，无法享受运动的过程。家长需要引导孩子理解，竞技运动的结果是由多方面综合原因共同决定的，而且一个人在一类运动中的表现并不是一成不变的，孩子需要看到自己的成长和变化。以理性、发展的眼光看待输赢，有利于孩子在运动的过程中摒除杂念，减轻心理负担，专注地投入运动，享受运动。

355 把运动变成习惯

- 选择一项可轻松完成的运动。

- 把它安排在另外一个习惯之前或之后。

- 每次完成运动后,就在日历上打钩。

尝试用图中的方法,将某项运动变成自己的固定日程。

运动习惯

家长日课

养成运动习惯可以遵循三个原则：第一，每天的负担不要太大，能比较轻松地完成，才能持续去做；第二，尽可能把新习惯建立在已有习惯的基础上，比如把新习惯安排在已有习惯的前后，新老习惯叠加将会降低养成新习惯的难度；第三，每次完成运动后进行标记，将自己的坚持可视化。

356 "一起运动"小组

请你在家人朋友中寻找至少两位想要养成运动习惯的人,和他们组成"一起运动"小组。

家长日课

能够从志同道合的小圈子中获得支持，对一个人会产生非常重要的影响。养成运动习惯也是如此。"一起运动"小组中提供的归属感能够增强孩子对自己的认同，小组成员之间在方法技巧方面的交流也会启发彼此。基于相似的经历，成员之间更容易理解彼此的体验和感受，更容易给予彼此情感方面的支持。

357 变化记录图

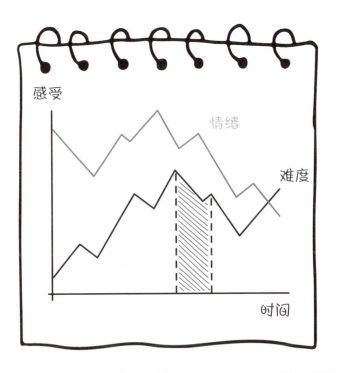

请你和爸爸妈妈一起设计一张运动变化记录图,横轴表示时间,纵轴表示对自己身体状态、运动能力、情绪心态的感受。设计好这张图后,把它贴在家中明显的地方。之后当你在这三个方面有变化的时候,就在这张图上标记下来。

家长日课

支持孩子养成运动习惯,家长可以帮助孩子有意识地看到习惯带来的变化,感受自己在习惯中日积月累的收获。这个活动让孩子和家长一起设计变化记录图,会让孩子对运动更有兴趣和动力。记录时,家长和孩子都可以放松心态,不必像完成任务一样机械地记录,而是在自己真正有感受、有体验的时候,把变化记录下来,让变化记录图成为一个生动的、有能量的体验集合。

358　宇宙很大

> 通过今天的想象，你有什么感受？
>
> _____
>
> _____
>
> _____
>
> _____
>
> _____

1. 让爸爸妈妈给你读下面的引导语，按步骤进行想象：
   闭上眼睛，想象一下你在自己家中；想象你所在的城市，其中有一个角落是你的家；思绪进一步打开，想象你所在的国家，其中有一个小点，是你的城市；想象巨大的地球，你的国家在地球的某个区域；想象无边的宇宙，地球是其中的一粒尘埃。
2. 睁开眼睛，通过这次想象，你有什么感受？跟爸爸妈妈聊一聊。

第六部分　珍爱生命，追求美好

家长日课

世界观是我们对世界的根本看法和根本观点,成熟世界观的形成需要时间和阅历的积累。孩子需要了解自己所处的世界,思考自己在世界中的位置和人生的意义。这个世界观启蒙活动,初步引导孩子思考自己所处的世界,为培养豁达的人生态度和积极的人生观奠定基础。

359 一颗钉子和一个国家的存亡

1. 西方有一个著名的"一颗钉子导致一个国家灭亡"的故事,查一查具体事件是什么,或者让爸爸妈妈给你讲一讲。
2. 跟爸爸妈妈讨论一下,这个故事给我们什么启发,分别说说自己的看法。

家长日课

世界是普遍联系的,一个不起眼的细节可能对全局产生决定性的影响。这个故事可以帮助孩子理解世界的相互联系性,在生活中善于关注细节、把握全局,学会以联系的眼光看问题。此外,在孩子的眼中,这个故事可能还有其他创新性的解读,父母可以鼓励孩子发散思维,大胆畅想与表达。

360　感知自己的内心

> 我还可以这样觉察到内心：
>
> _____
>
> _____
>
> _____

1. 我们很容易看到自己的身体，那我们能看到自己的内心吗？
   请按照下面的提示做：
   闭上眼睛，在心中想一个你的好朋友；回忆一件最近让你开心的事情；想象一下明天早上起床你第一件要做的事；内心给身体一个指令，向上跳一下。
2. 通过上面的活动，你能体验到内心世界的存在吗？你还有什么方法觉察到你的内心？

家长日课

我们往往更加关注外部的身体,而容易忽视自己的内心世界,很少向内觉察和探索。父母在生活中,可以多示范并引导孩子,关注自己的内心世界,注重身心同步发展。

361 他做错了吗？

你觉得应该判处刘先生坐牢吗？为什么？

1. 跟爸爸妈妈讨论下面的问题，说一说你的看法。
   有个地方的法律规定，凡偷盗者都要坐牢一年。一天，居民刘先生的女儿朵朵病重，生命危在旦夕，只有一种速效药能救回她，但是刘先生没有钱，药店的老板也不赊账给他，无奈之下，他半夜去药店偷了药，救回了女儿。
2. 如果你是当地的法官，你觉得应该判处刘先生坐牢吗？为什么？跟爸爸妈妈讨论一下。

家长日课

生活中很多事情并没有绝对的对与错。对这个两难问题的探讨，可以启发孩子思考生活中价值判断的多样性，思考自己认为最重要的价值是什么。在这个活动中，结论并不是最重要的。重要的是思考和讨论的过程，这个过程会让孩子更有哲学思辨能力。

362 好心办坏事,应该被批评吗?

爸爸怎么看:_____

_____

妈妈怎么看:_____

_____

我自己怎么看:_____

_____

妈妈生病躺在床上,你想给妈妈倒一杯温水,倒水的时候不小心打碎了桌子上的花瓶。

1. 你觉得自己做错了吗?爸爸妈妈会不会因为这事批评你?
2. 打破花瓶时,你自己的心情如何?会自我批评吗?跟爸爸妈妈讨论一下,每个人说一说自己的看法。

家长日课

如何看待行为动机和行为结果的不一致，是生活中经常遇到的情形，也是一种价值判断的问题。从认知发展规律来看，低龄的孩子更倾向于以直观的结果来判断对错，随着年龄的增长，孩子才会综合行为动机和结果去判断。父母也可以通过对生活中类似问题的探讨，引导孩子以更加全面的视角和更包容的态度看问题。

363　什么是真正的公平?

1. 你能不能举一个生活中的例子,说一说什么是公平?
2. 图中两个小朋友在看足球比赛,第一幅图大家都踩一样高的凳子,第二幅图则调整了凳子的高度,你觉得这两种情况哪一种更公平?为什么?

家长日课

公平是所有社会和个人都追求的基本价值之一,被公平地对待,也是每个孩子的心理需要。但是对公平的认知,需要经历一个发展和成长的过程,低龄孩子倾向于追求绝对的公平、平均,随着年龄的增长,孩子才能慢慢理解和接受相对的公平。家长可以通过日常生活中的相关事件,启发孩子对公平的思考,为孩子将来更深刻地理解和建立公平意识打下基础。

364　长颈鹿的优势

观看这幅漫画,你认为脖子长、身材高大是长颈鹿的优势还是劣势呢?你怎么看待一个人的优势和劣势?你认为它们是绝对的吗?

家长日课

辩证思维启蒙是哲学启蒙的重要组成部分。辩证思维避免非黑即白、二元对立的思考方式，用更加全面、开阔的眼光看问题，对孩子形成乐观的心态和积极的人生态度有重要的影响。家长可以在日常生活中，通过故事、漫画等直观有趣的方式，引导孩子慢慢认识、感受辩证思维方式，恰当地看待自己的优势和不足。

365 塞翁失马的故事

- ○ 听爸爸妈妈给你讲"塞翁失马"的故事。
- ○ 试着复述一遍这个故事。
- ○ 说说你对这个故事的想法。

你听过塞翁失马的故事吗？自己查一查或者让父母给你讲一讲，听完这个故事，你有什么想法呢？跟爸爸妈妈聊一聊。

家长日课

每个人在生命中都会经历各种成败得失,如何面对这些境遇则体现一个人的思维方式、人生智慧和生命格局。小孩子虽然没有成熟的得失观和豁达的人生态度,但是我们可以通过类似的寓言故事,其他文学作品等,引导孩子初步思考这些人生问题,帮助孩子更加积极、全面地看待生命中的各种境遇。